Anregungen für den Literaturunterricht

PEGASUS KLETT

Herausgegeben von Dietrich Steinbach

Peter Bekes

Verfremdungen

Parabeln von Bertolt Brecht Franz Kafka Günter Kunert

Ernst Klett Verlag

Anregungen für den Literaturunterricht
Pegasus Klett

Peter Bekes
Verfremdungen

Textausgabe in der Reihe ‚Editionen', nach der zitiert wird:
Fabel und Parabel. Stuttgart 1982. Klettbuch 35141

CIP-Kurztitelaufnahme der Deutschen Bibliothek
Bekes, Peter:
Verfremdungen:
Parabeln von Bertolt Brecht, Franz Kafka, Günter Kunert/Peter Bekes. —
Stuttgart: Klett, 1988.
   (Anregungen für den Literaturunterricht)
   (Pegasus Klett)
   ISBN 3-12-399210-1

1⁵ ⁴ ³ ² ¹ 1992 91 90 89 88

1. Auflage

Die letzte Zahl bezeichnet das Jahr dieses Druckes.
© Ernst Klett Verlage GmbH u. Co. KG, Stuttgart 1988.
Alle Rechte vorbehalten.
Satz: Bibliomania GmbH, Frankfurt am Main
Druck: Herzogsche Druckerei, Stuttgart

ISBN 3-12-399210-1

Inhaltsverzeichnis

1 Einleitung

1.1　Die Parabel in der Literaturwissenschaft und im Deutschunterricht

Der literaturwissenschaftliche Diskurs über die Parabel ist – im Unterschied zur Behandlung dieser Textform im Deutschunterricht – primär um gattungstheoretische Bestimmungen und um den Aufweis geschichtlicher Filiationen zentriert. Ein Hauptziel der Gattungstheorie liegt darin, zu beschreiben und zu erklären, was der in der Moderne so häufig gebrauchte Begriff der Parabel eigentlich bedeute. Damit hängt die Frage zusammen, in welcher Weise sich dieses Genre von verwandten literarischen Formen wie Fabel, Gleichnis, Allegorie, Beispiel, Anekdote, Kalendergeschichte etc. abgrenzen läßt. In fast zweieinhalbtausend Jahren, von Aristoteles über Lessing bis Brecht, ist versucht worden, auf diese Frage eine Antwort zu geben. In diesem Zeitraum entstand eine Fülle von Definitionen, Klassifikationen und Typologisierungen. Sie haben allerdings nicht zu der gewünschten Eindeutigkeit und Klarheit geführt. Im Gegenteil, vielfältige Ähnlichkeiten, Verwandtschaften und Interferenzen sind entdeckt worden, so daß man häufig genug auf eindeutige begriffliche Zuordnungen verzichten wollte. Hinzu kommt, und das scheint der wichtigste Aspekt zu sein, daß das Feld gattungstheoretischer Begriffe historischen Veränderungen unterliegt. Dies hat zu weiteren Komplikationen geführt. So wurde z. B. der Begriff der Parabel in verschiedenen historischen Kontexten synonym mit dem der Fabel, der Anekdote, Legende etc. gebraucht. Bedenkt man zudem, daß das Parabolische und die Parabolik als begriffliche Derivate der literarischen Kleinform Parabel gegenwärtig sogar für literarische Großformen wie den Roman und das Drama reklamiert werden, dann scheint die Verwirrung komplett. Die Literaturwissenschaft hat aus solchen Problemen zumindest zwei Folgerungen gezogen:
1. Sie hat den Gebrauch der Parabel in unterschiedlichen werk- und wirkungsgeschichtlichen Zusammenhängen beschrieben und erläutert. Dies reicht, um das ganze Spektrum ihrer Entwicklung deutlich zu machen, von ihrer Verwendung als Redefigur und Argumentationsmuster, wie sie etwa Aristoteles in seiner Rhetorik fordert, über ihren Gebrauch im Alten und Neuen Testament als lehrhaftes Gleichnis bis zu ihrer Aktualisierung im 20. Jahrhundert als literarische Chiffre, als Denkbild, als Rätsel, als Anti-Märchen.
2. Die Literaturwissenschaft hat sich bemüht, in die geschichtliche Erscheinungsvielfalt des Genres begriffliche Konturen einzuschreiben, insbesondere die Varianten parabolischen Erzählens, die sich im 20. Jahrhundert entwickelt haben, im Hinblick auf ihre Thematik, Erzählstruktur und Wirkungsabsicht zu ordnen und miteinander zu vergleichen. Da solche begrifflichen Differenzierungen entscheidend davon abhängen, welches Vorverständnis man von der Parabel und dem Gleichnis besitzt, hat sie sich darauf konzentriert, eben dieses modellhaft zu beschreiben. Konsens in der Forschung besteht darüber, daß die Parabel eine kurze und knappe Prosaform darstellt, die eine allgemeine Wahrheit oder einen pragmatischen Sachverhalt durch ein analoges Bild aus einem anderen Vorstellungsbereich erhellt (Editionen: Fabel und Parabel, S. 107).

Auch der sich mit Parabeln beschäftigende Deutschunterricht wird von der Notwendigkeit dieser beiden komplementären Zugriffe, der historischen und systematischen Methode, ausgehen. Er sollte sich allerdings davor hüten, der Geschichte der Parabel auf ihren verschlungenen Wegen in allen Einzelheiten und Verästelungen zu folgen und all die begrifflichen Differenzierungen, die in der Gattungstheorie entwickelt worden sind, für seine speziellen

Zielsetzungen fruchtbar machen zu wollen. Allzu leicht stoßen Typologisierungsversuche, insbesondere bei der Untersuchung der Parabeln des 20. Jahrhunderts, an Grenzen. Voreilige begriffliche Zuordnungen werden hier leicht zu Denkzwängen, die den interpretatorischen Umgang mit den Texten im Unterricht einengen. Bei der Behandlung der Parabeln im Unterricht empfiehlt sich also durchaus ein sparsamer Gebrauch der gattungstheoretischen Terminologie, um unnötige Irritationen der Schüler zu vermeiden.

Didaktisch vorteilhaft ist ein induktives Vorgehen. Im Mittelpunkt des Deutschunterrichts sollte die konkrete Arbeit mit parabolischen Texten stehen. Diese sind zu deuten und im Hinblick auf ihre Problemformulierungen und Problemlösungen miteinander zu vergleichen. Dabei können Texte zur Parabeltheorie durchaus einbezogen werden. Ein solches kleinschrittiges, exemplarisches Verfahren bietet sich schon deshalb an, weil die Texte kurz, überschaubar und somit auch gut vergleichbar sind. Minutiös, gleichsam Satz für Satz, Wort für Wort, lassen sich Sprach- und Erzählstruktur intensiv ausleuchten.

1.2 Überlegungen zur Unterrichtsgestaltung

Den didaktischen Prinzipien der Reduktion und des Exemplarischen trägt die konzipierte Unterrichtsreihe in mehrfacher Hinsicht Rechnung:

1. Es wird darauf verzichtet, den Schülern einen Überblick über die diachrone Entwicklung der Parabel von den Gleichnissen Jesu über die Lehrparabel des 18. Jahrhunderts bis zur modernen Vorgangs- oder Reflexionsparabel zu geben. Statt dessen ist im wesentlichen die moderne Parabel Gegenstand der Reihe.[1] Solche thematische Beschränkung rechtfertigt sich dadurch, daß die Geschichte der Parabel gerade zu Beginn des 20. Jahrhunderts durch eine turbulente Entwicklung neuartiger Formen parabolischen Erzählens nachhaltig belebt wurde. Gleichwohl ist selbst dieses historische Feld noch zu umfangreich und zu heterogen; auch hier ist eine Reduktion vonnöten. So sind zunächst zwei Vertreter ausgewählt worden, deren Texte die Geschichte der Parabel im 20. Jahrhundert auf unterschiedliche Weise entscheidend geprägt haben: Kafka und Brecht.

Den Parabeln Kafkas kommt insofern eine zentrale Bedeutung zu, als sie den Endpunkt der Geschichte der Parabel, darüber hinaus aber auch den Initialpunkt für die Entwicklung neuer parabolischer Erzählformen bilden. In ihnen ist die Kongruenz von Denken und Sein zerfallen; in ihnen erscheint im Besonderen, Anschaulichen nicht mehr ein Allgemeines, eine nachprüfbare Wahrheit. Kafkas Parabeln verweigern sich den an Sinnkonstitution ausgerichteten Prinzipien aufklärerischer Hermeneutik.

Ganz anders dagegen ist die wirkungsgeschichtliche Position des Parabelschreibers Brecht zu sehen. Seine Keuner-Geschichten knüpfen deutlich an den der Tradition der Aufklärung entstammenden Begriff der Lehrparabel an, allerdings nicht unter idealistischen Vorzeichen, sondern auf dem Hintergrund einer materialistischen Sicht der Gesellschaft und ihres Überbaus.

Im Schnittpunkt der Wirkungsgeschichte der von beiden Autoren entwickelten parabolischen Formen stehen die Parabeln des Gegenwartsautors Günter Kunert. Gerade diese Position macht ihre Relevanz für eine vergleichende Betrachtung mit den Parabeltexten der beiden anderen Autoren aus. Sie können als repräsentativ für die Bedeutung und Funktion der Parabel in der Gegenwart gelten.

2. Moderne Parabeln sind trotz oder gerade aufgrund ihrer Eigenständigkeit in Struktur und Gestaltung sinnvoll nur vor dem Horizont der herkömmlichen Parabel zu begreifen. Zumal

---

(1) Der Unterrichtsreihe zugrunde gelegt wird die von H. G. Müller und J. Wolff in der Editionen-Reihe besorgte Ausgabe ‚Fabel und Parabel‘, die auch zahlreiche Materialien zur Theorie dieser Textformen enthält.

dort, wo sie neue ästhetische Möglichkeiten erproben, wo sie die handlungsappellative Funktion der traditionellen Parabel und das ihr zugeordnete Erwartungssystem in Frage stellen, wo sie deren Eindeutigkeit auslösen, bleibt immer noch deren struktureller und funktionaler Umriß transparent.

Aus diesem Grunde empfiehlt es sich, zu Beginn der Unterrichtsreihe den traditionellen Formtyp in seiner Struktur und Funktion anhand eines wirkungsmächtigen Beispiels zu rekonstruieren. Was liegt näher, als die biblische Parabel zu betrachten, die in der Moderne in vielfältiger Weise gespiegelt und gedeutet worden ist: die Geschichte ,Vom verlorenen Sohn'?

3. Die modellhafte Bestimmung der konventionellen geschlossenen Form der Parabel sieht sich auf die bibelexegetische Tradition verwiesen. Innerhalb der neutestamentlichen Hermeneutik sind besonders die Arbeiten von Jülicher und die an sie anknüpfenden Untersuchungen von Linnemann zu den Gleichnissen Jesu für die Begriffsbildung literaturwissenschaftlicher Parabelforschung wegweisend geworden. Jülichers begriffliche Differenzierungen lassen sich vorzüglich für die Analysen von Parabeln im Deutschunterricht verwenden.

Von dem Oberbegriff gleichnishafter Rede ausgehend, unterscheidet er drei Formen: das Gleichnis, die Parabel und die Beispielerzählung. Von Interesse für die Unterrichtsarbeit ist die Abgrenzung von Gleichnis und Parabel. Beiden eignet eine Sach- und Bildhälfte, die eine durch Vergleich zu erschließende Analogie aufweisen. Dabei ist das Gleichnis dadurch gekennzeichnet, daß Sach- und Bildebene explizit zueinander in Beziehung gesetzt werden. Die Bildhälfte vergegenwärtigt einen typischen oder regelmäßigen Vorgang aus der Wirklichkeit, um das Unbekannte, das die Sachhälfte zum Gegenstand hat, zu verdeutlichen. Sie „ist der jedermann zugänglichen Wirklichkeit entnommen, weist auf Dinge hin, die jeden Tag geschehen, deren Dasein der schlechteste Wille anerkennen muß" (Jülicher, S. 93). Die Zeitform des Gleichnisses kann nur das Präsens sein, da der Erzähler in der Präsentation vertrauter Vorgänge allgemeingültige Wahrheiten übermittelt.

Vom Gleichnis läßt sich die Parabel absetzen. In ihr wird der besondere und interessante Einzelfall, der von den Annahmen des Alltags abweicht, erzählt: „Nicht, was jeder tut, was gar nicht anders sein kann, wird uns vorgehalten, sondern was einmal jeder getan hat, ohne zu fragen, ob andere Leute es auch so machen würden" (Linnemann, S. 7). Demgemäß hat sich in ihr die Bild- von der Sachhälfte gelöst. Die Parabel ist, auch wenn die Sachhälfte immer noch intendiert bleibt, eine auf die Bildhälfte reduzierte Erzählung. Damit ist sie sehr viel mehr als das Gleichnis, das lehren will, auf die Vernunft und Einsicht des Lesers angewiesen. Dessen Einbildungskraft muß durch einen anschaulichen und lebendigen Erzählstil geweckt und beflügelt werden. „Durch ihre Anschaulichkeit ersetzt die Parabel, was das Gleichnis durch die Autorität des allgemein Bekannten und Anerkannten voraus hat. Sie steht sogar höher, weil sie die Tendenz weniger merken läßt [...] Die Parabel bittet: Hörer, laß dir einen Fall erzählen, wenn der dich nicht gewinnt, will ich stille sein" (Jülicher, S. 97).

Um den Schülern ein gewisses Maß an terminologischem und methodischem Rüstzeug zu vermitteln, werden diese grundlegenden Definitionen und Unterscheidungen anhand der Geschichte ,Vom verlorenen Sohn' entwickelt. Allerdings ist vor einer allzu statischen Anwendung der Begriffe Jülichers bei der Analyse moderner Parabeln zu warnen. Sie sind als Hilfskonstruktionen von didaktischem Wert. Eine starre und mechanische Zuordnung von Bild- und Sachhälfte wird z.B. der besonderen ästhetischen Struktur dieser Texte nicht gerecht. Sie verfehlt die Texte, wenn sie das unmittelbar einzufordern sucht, was schon im dramatischen Kontext der Lessingschen Ringparabel dem Protagonisten Nathan unmöglich scheint: die Frage nach dem Wahrheitsgrund (der drei Religionen) verbindlich zu beantworten.

2 Die Parabel ‚Vom verlorenen Sohn'

Grundlegend und wirkungsmächtig für die Geschichte der Parabel sind neben der schon angesprochenen rhetorischen Tradition die mannigfaltigen parabolischen Erzählformen des Alten und Neuen Testaments. Insbesondere die Gleichnisse, Beispielerzählungen und Parabeln Jesu stellen innerhalb der jüdisch-christlichen Tradition eine bedeutsame Etappe dar. Es empfiehlt sich nicht nur aus literarhistorischen, sondern auch aus literaturdidaktischen Gründen, an den Anfang der Unterrichtsreihe eine Betrachtung der Gleichnisse Jesu zu setzen. Eine solche Untersuchung kann häufig an Vorinformationen und Erfahrungen der Schüler anknüpfen. Viele der Gleichnisse sind ihnen nicht nur dem Inhalt, sondern auch dem situativen Kontext nach vertraut. Dieses Vorgehen bietet darüber hinaus den Vorteil, den Schülern anhand eines charakteristischen Beispiels einen Einblick in die Struktur und Funktion parabolischer Rede zu geben. Vor dem Hintergrund dieses Verstehenshorizontes wird der interpretatorische Zugriff auf die moderne Parabel des 20. Jahrhunderts erleichtert. Genauer: Mit dem Blick auf die Gleichnisse Jesu kann die historische Eigenart der modernen Parabel beschrieben und erläutert, kann plausibel gemacht werden, wie in modernen Paradigmen der Parabel die Sinnangebote herkömmlichen gleichnishaften Sprechens dementiert werden.

Der Vergleich konventioneller Gleichnisse mit modernen parabolischen Formen läßt sich dort am prägnantesten und mit der größten Aussicht auf Ergiebigkeit durchführen, wo ihnen dasselbe Motiv, der gleiche Handlungsrahmen zugrunde liegt. Insonderheit ein Gleichnis des Neuen Testaments hat in der Moderne die Dichter zu mannigfaltigen Bearbeitungen, Variationen, Kontrafakturen gereizt: die Geschichte ‚Vom verlorenen Sohn'. R. Walser, R. M. Rilke, A. Gide und F. Kafka, um nur die wichtigsten Autoren zu nennen, haben sich literarisch in unterschiedlicher Weise mit dieser Parabel auseinandergesetzt, haben sie verändert, gegen den Strich gelesen, neue Problemformulierungen und Lösungen entdeckt. Aufschlußreich für eine erste Bestimmung des neuen poetischen Ortes, den die Parabel im 20. Jahrhundert einnimmt, ist eine Gegenüberstellung dieser bekannten biblischen Parabel (Editionen, S. 59/60) mit dem Text ‚Heimkehr' von Franz Kafka (Editionen, S. 60/61), der eine bedeutende Rolle in deren Rezeptionsgeschichte spielt.

Das präzise Erfassen der inhaltlichen und narrativen Differenzen zwischen moderner und alter Parabel hat sich zunächst des Aufbaus, des Problemansatzes und der Problemlösung des biblischen Textes zu vergewissern. Dies setzt allerdings voraus, daß dessen situativer Kontext, sein Sitz im Leben, bestimmt wird.

Auf die Vorwürfe der Pharisäer, daß er Tischgemeinschaft mit Zöllnern und Sündern habe, antwortet Jesus mit Gleichnissen. Dazu zählen die beiden Gleichnisse ‚Vom verlorenen Schaf' (Editionen, S. 56) und ‚Vom verlorenen Groschen', die dem Gleichnis ‚Vom verlorenen Sohn' unmittelbar vorausgehen. Beide veranschaulichen die Freude darüber, daß das verloren Gewähnte wiedergefunden ist. Sie sind Exempel für die Liebe Gottes zu den bußfertigen Sündern, für die Heimholung der Verlorenen: „Ich sage euch: So wird im Himmel mehr Freude sein über *einen* Sünder, der Buße tut, als über 99 Gerechte, die der Buße nicht bedürfen" (Editionen, S. 56). An diesem Kontext orientiert sich auch das Gleichnis ‚Vom verlorenen Sohn', das — im Gegensatz zu den beiden anderen Gleichnissen — nur im Lukas-Evangelium zu finden ist. Es stellt deren Sachhälfte dar, weist die Erzählung als Teil einer Rede, einer Unterredung mit den Pharisäern aus („Er sprach aber"). Die Pharisäer und Schriftgelehrten murren, weil Jesus — wider die herkömmliche moralische und religiöse

Ordnung — mit den Geächteten Gemeinschaft hält. Solchem Protest begegnet Jesus gleich-
nishaft mit dem Verweis auf Gottes Gnade, die dem Sünder Verzeihung und Hoffnung zuteil
werden läßt, wenn er Reue zeigt, selbst wenn sie sehr spät kommt. Jesus will also mit seinen
Gleichnissen nicht nur eine Mitteilung für seine Zuhörer machen, er will auf sie einwirken,
ihre Einstellungen, und mögen sie noch so selbstverständlich sein, verändern. Bedenkt man
solche schon im Kontext der Parabel angelegte Intention, so bleibt ihr Titel sicherlich miß-
verständlich, vielleicht sogar irreführend. Entscheidend ist nicht die Umkehr des Sohnes,
dieser steht ja nur im ersten Teil der Geschichte im Mittelpunkt, sondern die Liebe des
Vaters, der den Verachteten, Verirrten und Gefallenen wieder aufnimmt und ihm alle Ehren
zuteil werden läßt.

Die Geschichte setzt alltäglich ein. In knapper Form werden die Adressaten mit einer gewöhnlichen Familiensituation konfrontiert. Fast formelhaft werden die Akteure exponiert,
ohne charakterisierende Merkmale, ohne Tiefendimension. Gegenwärtig werden sie allein
durch das, was sie wollen und tun. Entsprechend abstrakt ist der Handlungsraum, in dem
sie agieren: Ein jüngerer Sohn tritt an den Vater, vermutlich einen Großbauern, heran und
bittet ihn, was durchaus den Rechtsgepflogenheiten der Zeit entspricht, um sein Erbteil:
„Ein Hof war zwar — nach damaligem Recht — Familienbesitz und ging mit allem, was dazu-
gehörte, an den älteren Sohn über, aber der Jüngere hat einen Erbanspruch auf das verfüg-
bare Vermögen, also auf den Besitz, der nicht unmittelbar zum Hof gehört" (Linnemann,
S. 72). Der Vater erfüllt die Bitte des Sohnes, der auch dann „nicht viele Tage danach" sein
Gut zusammenpackt und auswandert, um sein Glück in einem anderen Land zu suchen.
Auch dies enthält nichts Ungewöhnliches. Die Situation ist so alltäglich, daß sich auch jegliche vorschnelle Allegorisierung des Vaters als Gott strikt verbietet.[2]

Schon das Ende der Exposition bereitet die Darstellung des Einzelfalls, genauer: den ihn
prägenden Konflikt vor, der dann im Hauptteil detailliert entfaltet wird: Der jüngere Sohn
vergeudet das ihm anvertraute Erbgut. Dieser Sachverhalt ist die Voraussetzung für das den
Text konstituierende Oppositionssystem, das durch die Elemente Normeneinhaltung und
Normenübertretung gebildet wird. Derweil der ältere Sohn zu Hause bleibt und, weiterhin
im Dienst des Vaters, das Gut zu wahren und zu mehren weiß, verletzt der jüngere die Norm,
die ihn auf den rechten Gebrauch des Erbteils verpflichtet. Die aus seinem Fehlverhalten
resultierende Mangelsituation hat eine noch weitere, schlimmere Normenverletzung für ihn
zur Folge: Indem er die Schweine für einen Bürger des fremden Landes hütet, verstößt er
gegen das Reinheitsgebot und verleugnet damit die Gesetze des väterlichen Glaubens. Damit
ist für ihn der Zustand größtmöglicher Erniedrigung erreicht, die ihren Ausdruck in äußerster Not findet. Deren Vergegenwärtigung und Kontrastierung mit der Fülle im Hause seines
Vaters bezeichnen einen ersten Wendepunkt in der Erzählung. Sie veranlassen ihn zur Um-
und Rückkehr. Er erkennt seine Sünde, will sie vor seinem Vater und dem Himmel bekennen
und darum bitten, ihn als Tagelöhner anzunehmen.

Während solche Reue unter dem Druck der selbstverschuldeten Misere für die Zuhörer durchaus nachvollziehbar erscheint, erweist sich das Verhalten des Vaters bei der Rückkehr des
Sohnes als völlig ungewöhnlich. Es markiert einen zweiten Wendepunkt in der Geschichte,
der die Zuhörer in ihrer Erwartung nicht wenig provoziert. Der Vater zeigt sich gerade nicht
als strenger, strafender Richter; ohne Zurückhaltung eilt er in überschwenglicher Freude
dem Zurückkehrenden entgegen, erweist ihm alle Ehren (Tragen des Ehrenkleides und die
Überreichung des Ringes) und feiert zum Zeichen seiner Freude über die Heimkehr des Ver-

---

(2) Einer solchen Festschreibung widerspricht auch die spätere Nennung Gottes: „Vater, ich habe gesündigt
gegen den Himmel und vor dir."

lorenen ein Fest, das öffentlich die erneute Aufnahme des Sohnes in die Tischgemeinschaft dokumentiert. Besiegelt wird solcher Akt durch die sentenzhafte Formulierung des Vaters, die in ihrer antithetischen Begrifflichkeit den narrativen Diskurs für die irritierte Zuhörerschaft zu einem ersten Gipfelpunkt führt: „Denn dieser mein Sohn war tot und ist wieder lebendig geworden, er war verloren und ist wiedergefunden worden" (Editionen, S. 60, Z. 5 f.). Dieser Satz bildet das gedankliche Zentrum der Parabel. Ihr einfacher, klarer und linearer Erzählduktus scheint auf ihn als Fluchtpunkt hin komponiert zu sein. Seine Bedeutung wird dadurch unterstrichen, daß er am Ende des zweiten Teils der Geschichte gleichsam als Refrain nochmals auftaucht. Er weist dem Vater und nicht dem Sohn die Hauptrolle in der Parabel zu. Er ist die Schaltstelle, die die beiden Teile der Geschichte zusammenhält. Sein Urheber, der Vater, wird durch ihn zur Begründungs- und Entscheidungsinstanz innerhalb eines Diskurses, dem die Prüfung und Bewertung der beiden diametral entgegengesetzten Verhaltensweisen der Söhne obliegt. Seine Prüfung fällt unkonventionell aus. Deren Ergebnis und die Art, wie es begründet wird, soll auch der ältere Sohn nachvollziehen lernen. Davon erzählt der zweite Teil der Parabel.

Mit dem Beginn des zweiten Sinnabschnittes der Erzählung hat sich die Erwartungs- und Verstehensebene der Zuhörer verschoben. Da sie den Ratschluß des Vaters im Gegensatz zum älteren Sohn schon kennen, können sie distanziert und souverän das Verhalten des müde von der Arbeit heimkehrenden älteren Sohnes beurteilen. Das ist deshalb so wichtig, weil Jesus mit dem Verhalten des älteren Sohnes auf das der Pharisäer und Schriftgelehrten anspielt. So können diese sich gleichzeitig mit der Rolle des älteren Sohnes identifizieren, aber auch jederzeit aus ihr heraustreten.

Der Erstgeborene fühlt sich durch den Anlaß der Ausrichtung des Festes provoziert. Zornig wirft er dem Vater Ungerechtigkeit vor. Doch dieser entkräftet bündig den wortreichen Protest des Älteren: „Kind, du bist allezeit bei mir, und alles, was mein ist, ist dein" (S. 60, Z. 22 f.). Dieser Satz bereitet die Lehre der Parabel vor: Der ältere Sohn ist nicht zu kurz gekommen. Im Gegenteil, er hat allen Anlaß, das Fest mitzufeiern, sich genauso wie der Vater über den verloren Geglaubten, der lebendig und wiedergefunden worden ist, zu freuen. Das ist die Lehre der Parabel. „Der Vorwurf der Pharisäer war: Wie kannst du mit solchen Leuten feiern! Die Antwort Jesu lautet: Das Verlorene ist gefunden. Das muß gefeiert werden. Ich feiere Gottes Fest mit. Und wie steht es mit Euch?" (Linnemann, S. 78).

3 Kafkas Parabeln

3.1 ‚Heimkehr' oder die mißlingende Ankunft

Der Text ‚Heimkehr' (Editionen, S. 60f.) entstammt dem Nachlaß Kafkas. Max Brod, der erste Herausgeber von Kafkas Werken, hat ihm diesen Titel gegeben. Die Erzählung ist vermutlich im Herbst des Jahres 1920 entstanden. Es kann im Unterricht nicht darum gehen, die biografischen Bedingungen dieses Textes aufzuarbeiten. Sicherlich, Werk und Biografie des Autors weisen zahlreiche Verklammerungen auf: Kafka kehrt in diesem Jahr einige Male — nach mehrwöchigen Aufenthalten in Meran, Wien und Gmünd — nach Prag in das Haus seiner Eltern am Altstädter Ring zurück. Auch die fortschreitende Krankheit, seine Tuberkulose, läßt ihm seine Isolation deutlich werden, überlagert auch die Beziehung zu Milena, der tschechischen Freundin, verstärkt seine Qual, Sorge und Angst (über das Treffen mit Milena in Gmünd schreibt er: „An dem Tag sprachen wir miteinander und hörten einander zu, oft und lange, wie fremde Menschen."). Berücksichtigt man zudem, daß Kafka im Jahre zuvor seinen berühmten ‚Brief an den Vater' schrieb, dann erkennt man, daß das im Text behandelte Thema der Entfremdung in den Lebenserfahrungen des Autors präfiguriert ist. Dennoch, die Interpretation der Erzählung im Unterricht hat sich an der biblischen Vorlage zu orientieren, soll in vergleichender Betrachtung mit ihr Profil gewinnen.

Der hauptsächliche Unterschied zwischen biblischer Parabel und der Geschichte Kafkas liegt darin, daß dem modernen Text der Kontext fehlt. Die Erzählung ist weder Bestandteil einer Gesprächssituation, noch verweist sie konkret auf einen bestimmten lebensgeschichtlichen Ort. Ihr fehlt die Sachhälfte, auf die sich der Bildbereich explizit bezieht. Aufgrund dessen läßt sich aus ihr auch keine eindeutige Wirkungsintention herauslesen. Dennoch weist ihr Bildbereich über sich hinaus: Die Rekonstruktion des Problems, auf das sie eine Antwort gibt oder verweigert, hat der Leser selbst durch Besetzung ihrer Unbestimmtheitsstellen zu leisten. Und solche den aktiven Mitvollzug des Lesers einfordernde Unbestimmtheit enthält die Erzählung im Gegensatz zur biblischen Vorlage in mannigfaltiger Weise. So erfährt der Leser nichts über die Vorgeschichte des Zurückkehrenden. Alle die Fragen, die der Erzähler der biblischen Parabel mit wenigen Sätzen beantwortet, bleiben hier offen: Warum das erzählende Ich sein Elternhaus verlassen hat; wie lange es abwesend war; wo es gelebt und was es erlebt hat; wieso es zurückkehrt. Auf alle diese Fragen verweigert der Text die Antwort. Thematisiert wird allein der Augenblick der Ankunft, die aller Voraussicht nach — dafür bietet der Text einige Anhaltspunkte — mißlingt. Schon vor diesem Deutungshorizont ist der Titelvorschlag Brods mit äußerster Zurückhaltung zu sehen, da er ja, wenn man ihn nicht ironisch verstehen will, durchaus die Möglichkeit des Ankommens im elterlichen Hause suggeriert — die Möglichkeit einer Einkehr, die im biblischen Text längst Faktum ist. Davon kann aber in der Geschichte Kafkas keine Rede sein. Dem vor der Türschwelle Wartenden eilt kein liebender Vater entgegen, der den reuigen Sünder zärtlich wieder aufnimmt. Unter diesen Voraussetzungen bleibt auch der zweite Teil der biblischen Erzählung, der Protest und die Belehrung des Bruders, für die Parabel Kafkas irrelevant. Es bleibt sogar höchst ungewiß, ob das Erzähler-Ich selbst den Mut findet, das Elternhaus zu betreten, zum Vater heimzukehren. Es kommt in dieser Geschichte überhaupt nicht zu einer Begegnung. Das Motiv des nie ans Ziel gelangenden Helden, das das Gesamtwerk Kafkas prägt, scheint in ihr poetisch konzentriert.

Die Verunsicherung und Irritation, die der zurückkehrende Sohn erfährt, die seine Erwartungen am Ende in ein bloßes Warten umschlagen lassen, werden von Kafka auch durch die Wahl der Erzählperspektive sinnfällig gemacht. Die Ich-Perspektive unterscheidet sich grundlegend von der neutralen Erzählhaltung in der biblischen Vorlage. Innere und äußere Wirklichkeit sind bei Kafka durch das Bewußtsein eines wahrnehmenden, deutenden, reflektierenden Ichs gebrochen. Wirklichkeit erscheint unter diesem Horizont immer schon als eine subjektiv bestimmte. Die Bewußtseinsstruktur des Erzähler-Ichs bildet den Fokus für das Erfassen von Wirklichkeit.

Ganz anders dagegen wird die Wirklichkeit in die Gestaltung des Bibeltextes eingeholt. Ihr Geltungsbereich wird hier naiv unterstellt. Wie die Wirklichkeit hier erscheint, so ist sie auch. Nirgend werden Vermutungen geäußert, nirgendwo wird etwas in Frage gestellt. Zug um Zug entfaltet der Erzähler eine äußere, in sich stimmige Handlungsfolge. Selbst dort, wo Seelisches auftaucht, ist es im äußeren Verhalten manifest oder artikuliert sich in szenischer Komposition, in Rede und Gegenrede.

Damit kontrastiert die im Text Kafkas fingierte Situation des Ankommens. Schon der erste Satz weist das erzählende Ich als Bezugspunkt des Lesers aus. Dessen perspektivisches Bewußtsein ist sein Medium für die Erfahrung der Realität; dieses kann er nicht transzendieren. Mit ihm erlebt er – offensichtlich ganz problemlos – den Moment des Ankommens in einer vertrauten Welt: „Ich bin zurückgekehrt, ich habe den Flur durchschritten und blicke mich um" (S. 60, Z. 28f.). Der erste Satz der Erzählung konstatiert im Perfekt ein vollzogenes Tun des Ich. Er konstituiert einen Augenblick, der nicht entwickelt wird, sondern einfach da ist, im zeitlosen Präsens zur Ewigkeit zu gefrieren scheint. Während im Bibeltext die final organisierte Handlungsfolge sukzessiv Veränderungen in der Raum- und Zeitstruktur ermöglicht, ist die fingierte Ankunft bei Kafka statisch. Das Ich steht buchstäblich auf der Stelle. Die mehrmals im ersten Satz der Erzählung vom Ich rekapitulierte Ankunft kann ihm keine Sicherheit geben.

Der Verlauf der Erzählung dementiert das hier artikulierte Selbstbewußtsein. Das erzählende Subjekt scheint etwas erzwingen zu wollen, was de facto schon längst widerlegt ist. Die äußere Wirklichkeit, in der es sich orientieren und derer es, weil es sie als bekannte, als seines Vaters Hof, identifiziert hat, erneut habhaft werden will, entzieht sich ihm schon in dem Augenblick, in dem es sie konkret benennt. Sie ist hinfällig, wertlos, zerstört; die Dinge, die es beobachtet, die Pfütze, das Gerät, das Tuch, sind ihm fremd und ohne Zusammenhang.

Von diesem Detailrealismus ist der abstrakte Erzählstil der biblischen Parabel abzusetzen. Dieser wirkt flächenhaft, ordnet sich ganz der Finalität der Handlungsfolge unter, geht völlig auf in der Intentionalität des Argumentationsganges, der im Schlußwort des Vaters seine entscheidende Pointierung erfährt. Solche Differenz zeitigt für die Deutung des Kafka-Textes spezifische Konsequenzen: So wie dem Ich die äußere Erscheinungswelt mit den Dingen, die es aus der Vergangenheit kennt, keine Sicherheit gibt, ihn letztlich vom Ziel weiter denn je wegführt, vermag auch die sinnliche Anschauung der Dinge keinen Sinn zu stiften. Der „eigenen Kindheit entfremdet, vermag das Ich nicht mehr im Ganzen zu leben" (Kraft, S. 361).

Da das Ich kein Heil findet in der äußeren Erscheinungswelt und in seiner sozialen Mitwelt, die ihm kalt und beziehungslos gegenüberstehen, „als wäre jedes mit seinen eigenen Angelegenheiten beschäftigt" (S. 61, Z. 3f.), zieht es sich auf sich selbst zurück, verschließt sich. Das, was ihm die Welt der Dinge verweigert, versucht es in seiner Innenwelt zu gewinnen: „Und weil ich von der Ferne horche, erhorche ich nichts, nur einen leichten Uhrenschlag höre ich oder glaube ihn vielleicht nur zu hören, herüber aus den Kindertagen" (S. 61, Z. 10ff.). Doch dieser Versuch bleibt vage, subjektiv, illusionär. Sprachlicher Reflex seines

Rückzugs in die eigene Innerlichkeit sind die vielen Fragen und Vermutungen, die es äußert. Diese greifen sämtlich ins Leere, fallen immer wieder auf ihren Urheber zurück, stellen ihn letztlich selbst in Frage. Nicht nur die äußere Wirklichkeit ist ihm entfremdet, auch das eigene Bewußtsein wird ihm fremd. „Je länger man vor der Tür zögert, desto fremder wird man" (S. 61, Z. 14f.). Das Ich ist zum uneigentlichen „Man" abstrahiert. Dieses impliziert allerdings keine Verallgemeinerung im Sinne konventioneller Parabolik, sondern zeigt an, daß die in die Isolation geratene Subjektivität sich auch nicht mehr durch und in sich selbst vergewissern kann. Die in den beiden Schlußsätzen vom Ich geäußerten Erwartungen, daß jemand die Tür öffnete und es etwas fragte, entbehren völlig der Realitätsbedingungen, bleiben irreale Projektionen („Wie wäre es"), die die eigene Fremdheit, Ohnmacht und Abgründigkeit durch den vermeintlichen Rückgriff auf Individuation zu kaschieren versucht.

Fazit des Vergleichs: Die unterschiedlichen poetischen Gestaltungen der Parabeln beruhen auf verschiedenen Wirklichkeitsinterpretationen ihrer Verfasser. Die alte Parabel besaß ihre Dignität darin, Ort intersubjektiver Wahrheitsfindung zu sein. Selbst dort, wo sie Normen und Regelmäßigkeitsannahmen der Zuhörer — wie in der Parabel ‚Vom verlorenen Sohn' — in Frage stellt, setzt sie immer noch ein geschlossenes Weltbild voraus. Anhand der Demonstration eines a-typischen Einzelfalles vermag der Parabel-Erzähler innerhalb dieses Weltbildes überlegen und überlegt neue Möglichkeiten verbindlichen Erkennens und Verhaltens aufzuweisen, Wirklichkeit zu erklären und mit den Zuhörern diskurshaft ein Einverständnis herbeizuführen, ohne es freilich erzwingen zu können.

Diese Verbindlichkeit besitzt die Parabel bei Kafka nicht mehr. Sie ist kein Anschauungsmodell für eine ähnlich gelagerte Vergleichssituation, auf das sie argumentativ verweist. Bei ihm hat sich der Bild- vom Sachbereich gelöst und verselbständigt oder, was auf das gleiche hinausläuft, beide fallen im Text zusammen, sind ununterscheidbar geworden. Damit ist auch der Schlüssel, der die Parabel aufschließen könnte, verloren. So wie das Ich in Kafkas Text nicht mehr heimkommt und damit auch nicht zu sich selbst gelangt, weil sich ihm äußere und innere Wirklichkeit fortschreitend entfremdet, findet auch der Leser — trotz oder gerade wegen des konkreten Zugriffs auf reale Details — keinen Anhaltspunkt mehr. Er wird in einen Strudel von Reflexionen, Spekulationen und Irritationen gerissen. Dadurch wird sein Verstehen selbst problematisiert. In der und durch die Parabel ist kein Heil zu finden, weil die Welt heillos fremd geworden ist.

3.2 ‚Eisenbahnreisende' oder die verunglückende Existenz

Bisher sind allgemeine historische Differenzen zwischen der konventionellen und modernen Parabel herausgearbeitet worden. Dabei standen Überlegungen zur Struktur und Funktion der Parabel im Vordergrund. Es zeigt sich, wie Kafka die herkömmliche Gattungstradition der Parabel konterkariert, wie er bestimmte Formulierungsmuster auflöst und neu definiert. Anhand eines weiteren Textes soll nun gezeigt werden, wie selbst dort, wo Kafka vorgeblich auf überlieferte Sprachmuster und Gattungsnormen der gleichnishaften Rede zurückgreift, die Suche nach der Sache und dem Sinn mißlingt; denn die anschauende Erkenntnis des Menschen selbst, die ja im traditionellen Gleichnis für sich klar sein soll, steht zur Disposition, konkreter: das Verstehen selbst wird seiner Bedingtheit und Hinfälligkeit überführt.

Zu untersuchen ist der Text ‚Eisenbahnreisende' (Editionen, S. 68). Er findet sich im 3. Oktavheft des Bandes ‚Hochzeitsvorbereitungen auf dem Lande'. Sein Entstehungsjahr ist vermutlich 1917. Unter dem oben genannten Titel, der wiederum von Max Brod stammt, wurde er erstmals 1937 veröffentlicht.

Die Überschrift signalisiert das für Kafkas Erzählungen (‚Gib's auf!'; ‚Der Aufbruch'; ‚Das nächste Dorf') und Romane (‚Amerika'; ‚Das Schloß') charakteristische Motiv der Reise, das von ihm in wörtlicher und bildlicher Weise verwendet wird. Dieses Motiv verbindet den Text thematisch mit der vorher besprochenen Parabel. Auch hier stehen Fragen nach dem Woher und Wohin im Mittelpunkt. Geht es dort darum, ein Ziel, ein Wohin, zu erreichen, das sich letztlich als ein Anfang, ein Woher, erweist, so wird hier ein ganz und gar unalltäglicher Reisevorfall angesprochen: ein Unglück in einem langen Eisenbahntunnel. Ein solches Ereignis ist, wie es die Poetologie der Parabel nahelegt, ein interessierender Einzelfall; es ist möglich, aber stößt schon an die Grenzen des Irrealen, wird als traumatisch, als visionär empfunden. Kafka geht von einem unbestimmt begriffenen, komplexen Allgemeinen, vom menschlichen Sein oder Dasein („Wir") aus und versucht dieses — unter radikaler Verkürzung der Perspektive — konkret zu erläutern. Die für die herkömmliche Parabel konstitutive Verweisungsstruktur, die einen Sachverhalt auf eine andere, aber ähnlich gelagerte bildliche Situation bezieht, ist auch hier gegeben („in der Situation von"). Allerdings bleiben Bild- und Sachbereich nicht streng voneinander geschieden, da das „Wir" im Verlauf des Textes in den Bildbereich rückt. Die Schwierigkeit, eine Zuordnung, ein 'tertium comparationis' zwischen beiden Bereichen zu finden, liegt in ihrer Unverhältnismäßigkeit: Das „Wir" erscheint abstrakt, diffus, repräsentiert eine Fülle an Möglichkeiten. Überraschenderweise greift nun Kafka aus dem Spektrum dieser Möglichkeiten eine gänzlich unwahrscheinliche heraus und versucht durch diese — wider jede Logik, gleichsam in zirkulärer Denkbewegung — den vorausgesetzten, noch unbegriffenen Sachverhalt, das menschliche Dasein, zu verstehen. Das Ganze entläßt den Teil aus sich, dieser soll seinerseits das Ganze erfassen.

Noch in einer anderen Hinsicht verunsichert der Text. Sein zweiteiliger Aufbau läßt in Analogie zur Tradition gleichnishafter Texte ein emblematisches Verhältnis der beiden Abschnitte erwarten, deren Aufspaltung in Bild und Kommentar, Gleichnis und Exegese. Diesen Erwartungen kommt der Text zunächst entgegen. Der zweite Abschnitt versucht den Bildbereich durch verallgemeinernde Reflexion zu distanzieren, lenkt aber gleichzeitig ab vom Ausgangspunkt des Vergleichs, dem „Wir". Es muß irritieren, daß Kafka das „Wir", das er erklären will, zum Ich verschiebt. Um solche Verschiebung zu erklären, die den Ausgangspunkt des Vergleiches in Frage stellt, ist es notwendig, die Argumentationsstruktur des Textes detailliert zu analysieren. Dabei wird sich zeigen, daß der Text ein syntaktisch und semantisch dicht verknüpftes Netz von Aussagen darstellt, das durch Einschränkung, Negation, Verschiebung, Ablenkung und Umkehrung, also durch das, was Neumann als „gleitendes Paradox" gekennzeichnet hat, das Denkunmögliche dennoch denken, das Unfaßbare dennoch fassen will.

Das erste Teilstück des Eröffnungssatzes präsentiert den oben kurz erläuterten Vergleich. Die Frontstellung des „Wir" und der Verzicht auf jegliche sprachliche Akzidentien sollen dem Vergleich Stringenz, Strenge, ja sogar Apodiktik verleihen. Gleichwohl wird dessen Absolutheit durch die Parenthese eingeschränkt. Die Bestimmtheit und Klarheit des Auftaktes „Wir sind", der die Komplettierung durch den Vergleich erheischt, wird durch den Einschub („mit dem irdisch befleckten Auge gesehen") getrübt. Die Gültigkeit des Vergleichs ist reduziert, da er selbst schon den Kontingenzbedingungen eines wahrnehmenden Bewußtseins unterliegt. Dabei signalisiert die Wendung vom „befleckten Auge" nicht nur neutral ein Erkenntnisdefizit, sondern deutet dessen Verwurzelung in einem schuldhaften Zusammenhang an: Der Mensch hat nicht nur die Fähigkeit verloren, sich ganz zu bestimmen, sondern auch diesen Verlust vielleicht selbst zu verantworten.

Trotz dieser Relativierung, die zumindest die Möglichkeit einer die menschlichen Erfahrungen transzendierenden „Erkenntnis" offenläßt, kann sich der Leser nicht der Suggestivkraft des Vergleichs entziehen, der im folgenden vom Autor erläutert und ausdifferenziert wird.

Er hält für ihn ein Sinnangebot bereit, sich am Verstehen jenes Ortes zu beteiligen, der menschliche Existenz bedeutet. Dieser Ort ist ein Zwischenbereich, erweist sich als Extrem- oder Grenzsituation, in die der Mensch durch Unglück geworfen wurde. Der Ort ist ein Ort der Finsternis; er bietet dem Menschen keine Orientierung, verweigert sich seinen Erkenntnis- bemühungen. Er selbst läßt sich nur ex negativo bestimmen: Er bezeichnet genau die Stelle, „wo man das Licht des Anfangs nicht mehr sieht, das Licht des Endes aber nur so winzig, daß der Blick es immerfort suchen muß und immerfort verliert" (S. 68, Z. 6 ff.). Damit sind auch alle jene Versuche zum Scheitern verurteilt, den Ort dadurch zu erkennen, daß man sich des Anfangs und des Endes des Tunnels vergewissert, um von ihnen her Klarheit über die Situation zu gewinnen. Diese bleibt dunkel, ausweglos, da der Ursprung, das Licht des Anfangs, nicht mehr wahrnehmbar ist und das Ziel, das Licht des Endes, ein winziger, vom Auge nicht mehr zu fixierender Punkt, der von diesem selbst immerfort gesucht werden muß und immerfort verloren wird. Der adversative Teilsatz erscheint indes positiver, opti- mistischer, als er in Wirklichkeit ist. Das „aber" weckt Erwartungen, die der Teilsatz nicht deckt. Es verschärft letztlich nur die Situation der nach Wirklichkeit und Wahrheit Suchen- den. Mit ihm verläßt der Autor unvermittelt geläufige Denkbahnen. Mit den Wörtern „suchen" und „verlieren" suggeriert er antithetische Denkzwänge, die er allerdings nicht auf- löst, da das jeweils durch sie implizierte Wort „finden" ausgespart bleibt. Das winzige Licht des Endes wird nicht gefunden. Die paradoxe Kafkasche Auflösung reduziert das ohnehin schon kaum Begreifliche auf ein noch Unbegreiflicheres, mit der Konsequenz, daß der Leser nun immer stärker in den Prozeß der Verunsicherungen hineingezogen wird. Solche Irrita- tion wird durch das abschließende Satzstück gleichsam auf die Spitze getrieben. Eine neue Verschiebung oder Ablenkung führt die ohnehin schon schiefe Antithese des voraufgegange- nen Satzes erneut in die Paradoxie. Daß es überhaupt Anfang und Ende gibt, ist noch nicht einmal sicher. Damit erweist sich die gesamte gedankliche Bewegung als zirkulär. Sie fällt auf die Ausgangsposition zurück. Orientierung und Aufklärung sind durch eine Erkenntnis- logik, die sich durch Kategorien wie Ursprung und Ziel leiten läßt, nicht zu gewinnen.

Wenn dies schon nicht zu leisten ist, dann sollte zumindest der Ort selbst ein geringes Maß an Konsistenz bieten. Doch auch diese Erwartung wird von dem folgenden Satz durch- kreuzt. Der Ort ist kein Standort, von dem aus Erkenntnis und Beurteilung möglich wären. Das dubiose Spiel von Ablenkung und Umkehrung wird hier verschärft fortgesetzt. Wiederum läßt ein adversatives „aber" das Bild kippen. Die Ursachen der Irritation liegen hier aller- dings nicht mehr in den Gegebenheiten der Außenwelt, sondern diese sind selbst durch die Verwirrung oder Überempfindlichkeit der Sinne zu lauter „Ungeheuern" verhext. Damit treibt Kafka zweifellos die herkömmliche erkenntnistheoretische Dichotomie von Schein und Sein, von Erscheinung und Wahrheit, konsequent bis zu dem Punkt weiter, wo sie sich selbst auflöst. Er spricht nicht davon, daß hier lauter Ungeheuer wahrgenommen werden, sondern daß „wir" sie „haben".

Doch auch diese Aussage, daß die Wirklichkeit monströs erscheint oder auch ist, bildet noch nicht den Schlußpunkt. Der in der Wendung „lauter Ungeheuer" steckende Allsatz wird alogisch aufgelöst, wiederum nicht durch eindeutige Antithetik, sondern durch Erweiterung und Verschiebung. Die Verbindung von „Ungeheuer" und „Spiel" verfremdet den zweiten Satz ein letztes Mal. Der Terror der Wahrnehmung verflüchtigt sich hier zu einem gleichsam ästhetischen Spiel von Farben und Formen, das je nach Laune und Verwundung des Ein- zelnen entzücken und ermüden kann. Die metaphorische Kennzeichnung des Spiels als ein „kaleidoskopisches" macht dabei das Verfahren Kafkas und dessen Resultat sinnfällig.

Der so sicher, fast gravitätisch einsetzende Vergleich „Wir sind [...] in der Situation" wird im Verlauf des Textes immer wieder durch paradoxe Verschränkungen und Umkehrungen gebrochen: Am Ende gerät er selbst zum Vexierbild. Das Bild hat sich gegenüber der Sache verselbständigt, nicht allerdings in dem Sinne, daß es fest, konturscharf, substantiell wäre. Absolute Sätze und eine unbezweifelbare Wirklichkeit gibt es hier nicht. Die Unstimmigkeiten und Widersprüche in der Gedankenführung relativieren und entleeren es letztlich.

Auch der den zweiten Sinnabschnitt ausfüllende Satz bringt dem Leser keine Sicherheit. Auch in ihm konstituiert sich das gleitende Paradox. Bild und Sache werden hier nicht sinnvoll aufeinander bezogen, sondern nur noch mehr auseinandergerissen. Das „Wir" wird radikal auf das „Ich" reduziert, ohne daß der Erzähler an ihm einen Haltepunkt finden kann. Die Lehre, die der Satz formuliert, ist leer, ist reine Negation: „Was soll ich tun? oder: Wozu soll ich es tun? sind keine Fragen dieser Gegenden" (S. 68, Z. 15 f.). Er erteilt eine eindeutige Absage an eine teleologisch orientierte Rationalität, die Wahrheit in der dialektischen Vermittlung von Frage und Antwort anstrebt. Was bleibt, ist allein die im reflexiven Gestus eingeholte Ortsbestimmung „dieser Gegenden". Doch diese zeigt sich abstrakt, fremd, distanziert.

Wird aber die anschauende Erkenntnis unterminiert, dann sind nicht nur den Täuschungen, Irritationen, Mißverständnissen in bezug auf das Verstehen von Welt Tor und Tür geöffnet, dann wird die letztendlich auf dem eindeutigen Verhältnis von Bild und Begriff basierende Rationalitätsstruktur selbst ad absurdum geführt.

3.3 ‚Auf der Galerie' oder die verfehlte Wahrheit

Der in der Erzählung ‚Eisenbahnreisende' unternommene Versuch, den Ort des Menschen parabolisch zu erfassen, mündete, wie wir gesehen haben, in die Aporie. Diese wird massiv die um Eindeutigkeit der Erkenntnis bemühten Schüler provozieren. Um ihnen den interpretatorischen Zugang zu der primär durch die Verwendung von Paradoxien sich konstituierenden Parabolik Kafkas zu erleichtern, bedarf es daher der Erarbeitung weiterer Beispiele. Die ebenfalls im Jahre 1917 entstandene Parabel ‚Auf der Galerie' (Editionen, S. 69 f.) ist durchaus in einem thematischen und strukturellen Zusammenhang mit dem vorher analysierten Text zu sehen.

Der im Kommentar zum Text ‚Eisenbahnreisende' kategorisch bestrittene Sinn der Frage nach dem Was und Wozu menschlichen Denkens und Verhaltens in der Welt ist auch latenter Bezugspunkt der Erzählung ‚Auf der Galerie'. Einfach formuliert, geht es hier um die Möglichkeit der Selbstverwirklichung des einzelnen im Rahmen einer vorgegebenen Sozial- und Werteordnung. Noch schärfer und eindringlicher wird hier der Leser mit dem Problem des Verhältnisses von Wahrheit und Lüge, Wirklichkeit und Illusion, Sein und Schein konfrontiert. Neuartig an diesem Text ist die perspektivische Darstellung dieses Problems, die ihr sprachliches Korrelat in unterschiedlichen modalen Zugriffen besitzt. Das Augenmerk der Analyse soll daher in dieser Phase des Unterrichtes auf der spezifischen sprachlichen und narrativen Gestaltungsform dieser Parabel liegen.

Die Erzählung ‚Auf der Galerie' ist wohl einer der bekanntesten und am häufigsten interpretierten Texte von Kafka. Seine Ausstrahlungskraft verdankt er nicht zuletzt seiner kunstvollen Architektonik, die auch im Literaturunterricht immer wieder zum Gegenstand von Beschreibung und Analyse gemacht wird. Die Fixierung auf die auffällige Form ist wohl auch der Grund dafür, daß viele Interpreten nicht in gebührender Weise die zentrale Bedeutung des Titels herausgearbeitet haben. „Er lautet ja nicht etwa ‚Im Zirkus' oder ‚Drunten in der Manege', wie man es auf Grund der meisten bereits vorliegenden Deutungen dieser Dichtung annehmen könnte, sondern *Auf der Galerie*. Was dort oben geschieht, ist wichtiger und 'wirklicher' als die Vorgänge in der Manege; durch den im Titel selbst festgelegten Flucht-

punkt gewinnt das Stück seine perspektivische Einheit" (Kobs, S. 79). Bezugspunkt der
Analyse ist daher die Perspektivfigur des Galeriebesuchers. An ihr erprobt der Erzähler, das
sei vornweg angemerkt, verschiedene Seh- und Denkweisen sozialer Wirklichkeit.
Ausgangspunkt der Untersuchung dürfte der sich schon in der äußeren Form widerspiegelnde
Aufbau der Parabel sein. Er ist so auffällig, daß die Schüler, was ja durchaus bei der Analyse
von Kurzprosa nicht selbstverständlich ist, ihr Augenmerk zunächst auf ihn richten. Der
Text umfaßt zwei Abschnitte, die jeweils durch ein komplexes Satzgefüge ausgefüllt werden.
Beide Perioden zeigen mit leichter Abwandlung die gleiche Bauweise. Sie bestehen aus einem
langen und komplexen Vordersatz — im ersten Fall ist es ein Konditionalsatz, im zweiten
im wesentlichen ein Kausalsatz — und einem relativ kurzen Nachsatz, der sich durch einen
scharfen gedanklichen Einschnitt von dem Vorspann absetzt. Dem strukturellen Aufbau
korreliert ein zweigliedriger Inhalt: Beide Abschnitte vergegenwärtigen ein rituelles Geschehen aus der Zirkuswelt, das sich in den jeweiligen Nebensätzen unter zwei verschiedenen Sichtweisen konstituiert. Die Wirkung, die die beiden Konstruktionen beim jungen
Galeriebesucher auslösen, werden in den das Satzgefüge komplettierenden Hauptsätzen dargestellt.
Die erste Periode gestaltet eine irreale (,,Wenn") und unbestimmte (,,Irgendeine [...] Kunstreiterin") Situation, deren hypothetischer, ja visionärer Charakter im folgenden durch Über-
treibungen (,,Monatelang"; ,,unter dem nichtaussetzenden Brausen des Orchesters und der
Ventilatoren in die immerfort weiter sich öffnende graue Zukunft"), kühne Metaphorik
(,,Beifallsklatschen der Hände, die eigentlich Dampfhämmer sind") und das den Hauptsatz
einleitende ,,vielleicht" unterstrichen wird. Sie führt als Denkmöglichkeit eine inhumane
Zirkuswelt vor Augen, in der eine Kunstreiterin brutal von einem erbarmungslosen Chef
und einem rasenden Publikum ausgebeutet wird. In diese irreale Konstruktion wird eine
weitere Hypothese eingeschaltet; durch sie wird die Möglichkeit angedeutet, daß ein Galeriebesucher dem unseligen Spiel ein Ende machen könnte.
Dem irrealen Charakter des Konditionalsatzes konsequent entsprechend, wird der Wirklichkeitsgehalt des ersten Satzes zu Beginn des zweiten Abschnittes apodiktisch bestritten: ,,Da
es aber nicht so ist". Doch was setzt dieser dagegen? Existiert jenseits der imaginierten Er-
kenntnismöglichkeit noch ein Wahrheitsgrund? Der zweite Satz verweigert die Antwort auf
diese Frage. Weder der Indikativ, in dem der zweite Abschnitt erzählt wird, noch die Be-
stätigungsgeste im letzten Teil des Kausalsatzes, die sich offensichtlich des Soseins der hier
vorgestellten Realität nochmals vergewissern will (,,da dies so ist"), sind Bürgen für dessen
Wahrheitsgehalt. Im Gegenteil, dargeboten wird hier der schöne Schein der Zirkuswelt, eine
gleißende und flimmernde Welt der Illusion und Täuschung. Das Publikum nimmt nur die
äußere, bunte Fassade dieser Welt wahr. Diese kontrastiert grell mit dem Bild des ersten
Abschnittes. Anstelle des entfremdeten Sozialrituals, des Unterdrückungsverhältnisses, in
dem der Mensch wie ein Tier behandelt, ja zum Objekt abgestempelt wird, finden wir hier
eine persönliche, fast familiäre Beziehung wieder. Der Zirkusdirektor umhegt die Künstlerin,
als wäre sie seine über alles geliebte Enkelin. Das beseligende Glück dieser Erscheinungswelt
beruht auf einer Fülle von Wahrnehmungen und Eindrücken. Alle diese, das wird zu zeigen
sein, sind flüchtig, uneigentlich, fügen sich nicht zur stimmigen Ganzheit. Je penetranter
und suggestiver sich diese Erscheinungswelt dem anschauenden Bewußtsein anbiedert, desto
mehr entfernt sie sich von der Wirklichkeit, von der Wahrheit, von der das hypothetische
Denkmodell des ersten Abschnittes zumindest eine Ahndung vermittelte.
Das Erfassen der Komposition des Textes macht deutlich, daß beide Abschnitte in ihren
jeweiligen subjektiven Sichtweisen einander bedingen und sich gegenseitig deuten. Genauer
aufgewiesen werden müßten nun die sprachlichen und narrativen Mikrostrukturen, die beide
Paradigmen in gegensätzlicher Weise konstituieren. Erst wenn deren perspektivische Bezogen-

heit auf die Subjektivität des Galeriebesuchers durchsichtig gemacht wird, erschließt sich der Interpretation auch die parabolische Eigenheit dieses Textes.

Auffällig an der ersten Satzperiode ist die Rhythmik: gedrängt, stoßweise, hektisch; zum Ende hin gerät sie außer Atem. Der Rhythmus schwillt — analog dem vergehenden und neu anschwellenden Beifallsklatschen der Hände — auf und ab, treibt den Satz fast gewaltsam an. Der durch Kommata zerklüftete Satz ist eine getreue Partitur solcher Bewegungsfiguren. Eine besondere Rolle beim Aufbau und der Koordination rhythmischer Gestalten spielen die vielen in den Satz eingeflochtenen satzwertigen Partizipialkonstruktionen der Gegenwart: „auf dem Pferde schwirrend, Küsse werfend, in der Taille sich wiegend" (S. 69, Z. 15 f.). Sie bringen den schwebenden, ins Offene und Unbezügliche weisenden Charakter der Satzbewegung zum Ausdruck, entgrenzen die ihr zugrunde liegende Zeit. Gleichzeitig verstärken sie, unterstützt durch die regelmäßig wiederkehrenden präpositionalen Bestimmungen, die Monotonie der Satzfolge. Diese besitzt ihr semantisches Äquivalent in der Stereotypie des dargestellten Vorgangs. Dessen unablässige Wiederholung — „monatelang" und „ohne Unterbrechung" — bezeichnet eine endlose Kreisbewegung. Nicht nur der Lebenshorizont der Kunstreiterin ist zirkulär, sondern auch das, was sie tut, unterliegt der qualvollen Rotationsmechanik, ist schon zu dieser selbst geworden: Ein erbarmungsloser, peitschenschwingender Chef treibt die Arbeit der Kunstreiterin an, das Brausen des Orchesters heizt die Atmosphäre auf und überdröhnt jegliche menschliche Regung, das auf- und abschwellende Beifallsklatschen des Publikums schließlich skandiert die sinnlose Motorik des unbarmherzigen Rituals. Der Mensch ist hier zum Opfer einer übermächtigen Maschinerie geworden.

Es scheint so, als wenn Kafka in dem Konditionalsatz alle die Bedingungen formuliert habe, die erfüllt sein müssen, soll der Galeriebesucher dem sinnlosen Treiben Einhalt gebieten: „Nur wenn sich die Qual der Künstlerin buchstäblich 'ohne Unterbrechung' und ohne Ende wiederholt, wäre auch der rettende Eingriff zu erwarten" (Kobs, S. 86).

Damit wird die Irrationalität des Vorgangs auf die Spitze getrieben. Wenn sich die reflexiv in den Wenn-Satz eingeholten Bedingungen nicht erfüllen lassen, dann liegen auch die Folgen, die sie entsprechend der messerscharfen Logik der Satzkonstruktion einfordern, außerhalb des Realisierbaren. Die ohnehin nur hypothetisch formulierte Intervention des Galeriebesuchers wird dann auch durch ein „Vielleicht" in Frage gestellt. Dem entspricht konsequent die erzählerische Vermittlung des Vorgangs: Der Galeriebesucher ist zwar jung und engagiert, offen und aufmerksam für das, was geschieht; er nimmt nicht nur passiv Anteil an der Qual der Künstlerin, sondern er will sie durch eine mutige Tat von ihrem Elend erlösen. Der Weg, den er gehen muß, damit er überhaupt handeln kann, ist allerdings lang und schwierig. Auch die jederzeit wie geölt laufende Zirkusmaschinerie ist darauf eingestellt, diese unerhörte Tat noch als Teil des Systems, als Einlage der Zirkusvorstellung umzufunktionalisieren („durch die Fanfaren des immer sich anpassenden Orchesters"; S. 69, Z. 24 f.). Dennoch, bei aller Relativierung, die ihren subjektiven Ausdruck im Verzweifeln an der Welt des Denkmöglichen findet, liegt in dem Modaladverb „vielleicht" auch ein Hoffnungsschimmer. Ohne diesen würde der Text seine Spannung verlieren.

Der Galeriebesucher hat unzweifelhaft alle Sympathien des Erzählers. Man gewinnt den Eindruck, daß auch der letztere einen übergeordneten Standort einnimmt und mit Verve dessen Aktion begleitet. Der Erzähler läßt sich offensichtlich durch das, was er selbst imaginiert hat, so weit mitreißen, daß er nicht mehr die Denkmöglichkeit von der Wirklichkeit scheiden kann („begleitet vom vergehenden und neu anschwellenden Beifallsklatschen der Hände, die *eigentlich* Dampfhämmer sind"; Hervorhebung P. B.). Andererseits: Er ist derjenige, der den Denkansatz erprobt und durchspielt, indem er den Wenn-Satz bis zur Zerreißprobe spannt, um die spannungslösende Funktion des „dann" um so nachdrücklicher heraustreten zu lassen. Er ist derjenige, der die Verzweiflung bis zum Äußersten treibt und dennoch oder gerade deshalb die Hoffnung nicht ganz fahren lassen will, der selbst aber in dem, was er konstruiert hat, keinen Halt mehr findet. Das Modell der ausweglosen Misere der Kunstreiterin, die er immer wieder durch Verzerrung, Deformation und Übertreibung anprangert, ist letztlich Abbild seines eigenen zwischen Leid und Zuversicht changierenden Bewußtseins; es ist aber auch Zeichen seiner Ohnmacht, der Anklage und Widerstand gegen inhumane Verhältnisse zum bloßen Denkspiel geraten.

Bilanz: Als reflektierendes Bewußtsein quält der Erzähler „mit der von ihm entworfenen Denkmöglichkeit nur sich selbst. Das Bild des Kreises, in dem diese Qual Gestalt gewinnt, enthält an der Oberfläche zwar eine Qualität des hypothetisch gesetzten Gegenstandes, des Zirkuslebens, rückt in Wirklichkeit aber nichts als die Eigenart des reflektierenden, Gegenstände vorstellenden Bewußtseins ins Sichtbare" (Kobs, S. 87).

Genauso wenig Sicherheit und Halt findet das Bewußtsein an der Darstellungsebene, die der zweite Sinnabschnitt öffnet. Sie ist Resultat eines Prozesses, der sich als sinnliche Anschauung realisiert. Konfrontiert wird der Leser mit einer Fülle von Einzelbeobachtungen, mit farbigen Impressionen aus der Zirkuswelt: Der Auftritt der Kunstreiterin stellt sich als rascher Wechsel wirkungsvoller Einzelepisoden dar.

Satzgestalt und Satzinhalt sind auch hier zur Deckung gebracht. Die unverbunden nebeneinandergestellten Stücke des weit ausgreifenden Kausalsatzes entsprechen der Abfolge der Wahrnehmungen. Eingespannt in das Satzgefüge, streben sie dennoch nach Selbständigkeit. Deutlich wird dies durch die ungewöhnlich häufige Verwendung der Semikola innerhalb der Periode. Sie isolieren; die Teilsätze streben auseinander und werden dennoch durch den kausalen Satzrahmen zusammengehalten. In solcher Satzgestaltung drückt sich die Flüchtigkeit der Eindrücke des wahrnehmenden Bewußtseins aus.

Der Kontrast zur Darstellung des ersten Abschnittes zeigt sich am sinnfälligsten in der Wortwahl: Aus der hinfälligen, lungensüchtigen Kunstreiterin ist „eine schöne Dame, weiß und rot", geworden; anstelle des brutalen, peitschenschwingenden Chefs findet man nun den Direktor, der hingebungsvoll ihre Augen sucht; das mechanische Beifallsklatschen des Publikums, das aus der Arbeit der Kunstreiterin die letzten Kraftreserven herauspreßt, hat sich zu aufmunternden Huldigungen an die Künstlerin gewandelt; schließlich ist aus dem schwankenden Pferd der Apfelschimmel geworden. Geschaut wird eine Welt des Scheins, der Geborgenheit, prästabilierter Harmonie. In dieses beseligende Rund der Glückseligkeit scheinen alle Akteure einbezogen zu sein.

Und doch ist diese Welt der Anschauung unstimmig, brüchig. Zu aufdringlich und unwirklich sind Farben und Gesten. Der schöne Schein ist trügerisch; die gleißende Oberfläche verdeckt das Wesen. Das Erschaute, so will es der Autor, ist leicht zu durchschauen: Präsentiert wird eine verkehrte Welt, in der z.B. Herrschaft und Knechtschaft vertauscht sind. Die Diener, die Livrierten, werden stolz, fast unnahbar gesehen; der Direktor erscheint als untertäniges, dressiertes Tier („In Tierhaltung ihr entgegenatmet"). Entzaubert wird auch durch leichte semantische Verschiebung das betuliche und umsorgende Verhalten des Direktors gegenüber der Künstlerin: Es ist eben keine *fürsorgliche* Geste, wenn er sie auf den Apfelschimmel hebt, sondern ein Verhalten aus *Vorsorge*, das nicht aus emotionaler Teilhabe, sondern aus einem kalkulierten geschäftlichen Interesse zu resultieren scheint.

Genauso entlarvend ist der von Kafka in die sonst indikativisch gehaltene Passage eingefügte Als-ob-Satz, der im Gebrauch des irrealen Konjunktivs die suggerierte familiäre Beziehung zwischen Direktor und Künstlerin souverän unterminiert. Beide Phänomene, das „Als ob" und der Irrealis, sind das Gegenstück zu jenem indikativisch gebrauchten Relativsatz des ersten Abschnittes, der das Beifallsklatschen des Publikums im Vergleich mit den Dampfhämmern uneigentlich, aber doch eigentlich zu erfassen sucht.

Unentschieden muß bleiben, wie die Reaktion des Galeriebesuchers auf diesen durch sinn-

liche Anschauung vermittelten Darstellungsschwindel zu verstehen ist. Der nochmals aus-
drücklich in seiner Kausalität herausgestellte letzte Teil des Nebensatzes, „da dies so ist",
ist ambivalent, da das „das" nicht eindeutig semantisch aufgelöst werden kann. Bezieht es
sich lediglich auf die Erscheinungswelt als solche und bestätigt nochmals buchstäblich deren
bloße Faktizität? Oder steckt in ihr schon die Geste der Distanzierung, die schon um die
Verlogenheit dieser Welt weiß? Von solchen Deutungen hängt das Verständnis des Verhaltens
des Galeriebesuchers ab.
Soviel ist klar: Der Auftritt des Galeriebesuchers ist hier nicht mehr als bloße Denkmöglichkeit konzipiert. Dieser ist im Bild gegenwärtig, und er selbst hat ein anschauliches Bild von
dem gewonnen, was sich in der Arena abspielt. Dennoch, indem er sein Gesicht auf die
Brüstung legt, verschließt er sich vor der äußeren Welt. Das, was der Galeriebesucher zeigt,
ist Ausdruck eines inneren Geschehens, gelöst von Bewußtheit und Subjektivität. Offen
bleibt zunächst die Bedeutung. Die Gebärde kann ein Überwältigtsein von dem beseligenden
Glück des Lebens anzeigen, das der Galeriebesucher gerade angeschaut hat. Das würde aller-
dings bedeuten, daß er das Antlitz dieser Welt nicht als Trugbild durchschaut. Sie kann aber
auch als Zeichen der Resignation gewertet werden, eine Art Ahnung davon, daß die
Wahrheit des Vorgangs nicht erkannt werden kann, da dessen Erscheinung immer für bare
Münze genommen wird. Liest man den Schluß genauer, wägt man die Bedeutung und den
Zusammenhang der Einzelwörter ab, so kann nur die zweite Möglichkeit intendiert sein: Die
Situation, die der Galeriebesucher erlebt hat, ist ihm zum Trauma geworden, das keine be-
wußte Verarbeitung zuläßt, deren Folge Kritik und Protest sein könnten, sondern nur noch
Weinen auslöst. Da dieses Weinen von einer bewußtlosen Sphäre des Innern, mit einem
„schweren Traum" verglichen, ausgelöst wird, ist es wohl kaum als Anzeichen für eine posi-
tive identifikatorische Teilhabe am Zirkusgeschehen zu nehmen. Die Schwere des Traums
wirft nicht nur einen dunklen Schatten auf den schönen Schein, das Bild der heilen Zirkuswelt, sondern führt auch zu jener in der Reflexion entworfenen alptraumartigen Situation
des ersten Abschnittes zurück. „So wird durch die Reaktion des Galeriebesuchers, die formal wirklich erfolgt, aber inhaltlich das erste Geschehen aufnimmt, durch das jenseits aller
Ratio liegende Gefühl die formale Einheit des Erzählungsganzen hergestellt, wie sie schon
in der Perspektivensetzung des Titels angelegt war. Beide so uneinheitlich nebeneinander
stehende Teile werden zu einem Erlebnisganzen zusammengefügt. Erlebte Möglichkeit und
das wirkungslose Bild des realen Vorgangs sind in der Gleichzeitigkeit des menschlichen
Innern aufgehoben" (Philippi, S. 56). Bestimmend für das Innere des Galeriebesuchers wird
also jenes im Irrealis projektierte Zerrbild des Geschehens; dessen Negativität wird als Grund
der unechten Erscheinungswelt 'erahnt'. Um derentwillen weint er, ohne Bewußtsein seiner
selbst, aber doch in seiner Innerlichkeit versunken und in ihr gefangen. Solcher Aporie kann
er nicht entkommen, geschweige denn aus ihr heraus leben. Das „Rad der Zukunft wird er
nicht ins Rollen bringen" (Kafka; Sämtliche Erzählungen, S. 142).
Erzähler und Leser haben dem Galeriebesucher gegenüber zwar einen Erkenntnisvorsprung,
beide wissen um seine Situation am Ende, doch auch für sie bleibt der Ausgang offen. Der
Erzähler läßt den Leser mit dem resignierenden Galeriebesucher allein. Konkrete Folgerungen in Form von Lehren oder Handlungsanweisungen werden hier nicht gezogen.
Unter diesen Umständen ergeben sich freilich für die Unterrichtspraxis Konsequenzen. Es
scheint unangemessen, den Sinn dieser Parabel Kafkas durch Allegorisierung erschließen zu
wollen. Damit kommt man vielleicht dem Verlangen der Schüler entgegen, Bedeutungen
festzulegen, verbindliche Erkenntnisse zu formulieren, doch zerstört man damit auch die
artistische Komposition des Textes. So attraktiv es für die Schüler sein mag, die Parabel
existentiell (der Zirkus als 'theatrum mundi'), religiös (Beziehung von Gott und Mensch),
sozialkritisch (Unterdrückungs- und Ausbeutungsmechanismen in der industriell-kapitalisti-

schen Gesellschaft), biographisch (entfremdete Vater-Sohn-Beziehung) auszudeuten – die Offenheit der parabolischen Struktur des Textes widerlegt solche Versuche. Der ambivalente Status dieser Geschichte besteht gerade darin, daß sie sich gegenüber Sinnfestlegungen jedweder Art verschließt, diese aber gleichzeitig herausfordert. Einen solchen Widerspruch sollten auch Schüler aushalten können.

3.4 ‚Eine kaiserliche Botschaft' oder die scheiternde Kommunikation

Der Text ‚Eine kaiserliche Botschaft' (Editionen, S. 93) ist Teil des epischen Fragments ‚Beim Bau der chinesischen Mauer', etwa auf Anfang des Jahres 1917 zu datieren. Aus diesem größeren epischen Zusammenhang wurde er später von Kafka herausgelöst und in der jüdischen Wochenschrift ‚Selbstwehr" im Jahre 1919 publiziert. Die Einzelveröffentlichung signalisiert zwar eine gewisse Eigenständigkeit des Textes, dennoch ist er nicht nur aufgrund seiner Thematik, Erzählhaltung und Motivgestaltung mit der umfassenden Geschichte vielfältig verknüpft, sondern stellt deren inhaltliches Kernstück dar. Wie der größere epische Zusammenhang ein Licht auf die kleinere Erzählung wirft, so kommentiert und veranschaulicht diese ihrerseits dessen Problematik. Für die Interpretation des Textes im Unterricht ist es daher wichtig, dessen Kontext zu beschreiben und zumindest ansatzweise zu erläutern.
Das Fragment ‚Beim Bau der chinesischen Mauer' (Titel fehlt im Manuskript) ist in der Art eines wissenschaftlichen Berichtes abgefaßt. Der Berichterstatter charakterisiert sich selbst als Historiker mit einem Interesse für vergleichende Völkerforschung. Gleichwohl ist er – darauf verweist schon seine subjektive Erzählhaltung – nicht allein wissenschaftlicher Chronist: Er kommentiert, deutet, spekuliert. Aufgrund dessen läßt sich dem Text kaum eine durchgängige Fabel entnehmen. Thematischer Bezugspunkt des Erzählens ist der Bau der Mauer, der, so wird zunächst suggeriert, aus einem Schutzbedürfnis gegenüber feindlichen Nomaden, Völkern aus dem Norden, entstanden ist. Dieser Bau bleibt Torso; er besteht nur aus unzusammenhängenden Teilbauten und vielen Lücken; er ist ein monumentales Projekt, das menschliches Fassungsvermögen überschreitet und vielleicht nicht vollendet werden kann oder doch schon beendet ist. Dieser Bau, der unzweckmäßig und überhaupt überflüssig erscheint, aber doch mit größter Mühe und Sorgfalt unter Benutzung der Bauweisheit aller bekannten Zeiten und Völker durchgeführt wird, ist dem Autor gleichsam ein ,,Strukturmodell" (Beicken, S. 312) der Welt von mythischer Qualität. An ihm will er im Sinne einer allgemeinen Anthropologie das Phänomen menschlicher Tätigkeit, der physischen wie der geistigen, und die aus ihr resultierende gesellschaftliche Organisation veranschaulichen und – mit allem Vorbehalt – auch ergründen. In diese gleichsam universelle Aufgabe sind zahlreiche Teilprobleme eingeschrieben, um deren Kennzeichnungen und Erläuterungen der Erzähler in seinen Ausführungen immer wieder kreist, ohne sie letztlich lösen zu können.
Mit der Unzweckmäßigkeit des Baus, der gleichwohl gegen alle Sachlogik legitimiert erscheint, taucht das Problem der Vermittlung der sozialen Notwendigkeit des Systems des Teilbaus für die vielen einzelnen auf. Dies impliziert Fragen nach der Beziehung von Herrschaft und Ideologie, genauer: nach der Beziehung von Führerschaft und Gefolgschaft, von Autoritätsprinzip und Unterwerfung. Dieser Komplex bleibt innerhalb des Erzählberichtes unklar und ambivalent, ist durch vielfältige Paradoxien charakterisiert:

,,Und deshalb will es dem unbestechlichen Betrachter nicht eingehen, daß die Führerschaft, wenn sie es ernstlich gewollt hätte, nicht auch jene Schwierigkeiten hätte überwinden können, die einem zusammenhängenden Mauerbau entgegenstanden. Bleibt also nur die Folgerung, daß die Führerschaft den Teilbau beabsichtigte. Aber der Teilbau war nur ein Notbehelf und unzweckmäßig. Bleibt die Folgerung, daß die

Führerschaft etwas Unzweckmäßiges wollte. – Sonderbare Folgerung! – Gewiß, und doch hat sie auch von anderer Seite manche Berechtigung für sich. Heute kann vielleicht ohne Gefahr gesprochen werden. Damals war es geheimer Grundsatz Vieler, und sogar der Besten: Suche mit allen deinen Kräften die Anordnungen der Führerschaft zu verstehen, aber nur bis zu einer bestimmten Grenze, dann höre mit dem Nachdenken auf. Ein sehr vernünftiger Grundsatz, der übrigens noch eine weitere Auslegung in einem später oft wieder-holten Vergleich fand: Nicht weil es dir schaden könnte, höre mit dem weiteren Nachdenken auf, es ist auch gar nicht sicher, daß es dir schaden wird. Man kann hier überhaupt weder von Schaden noch Nicht-schaden sprechen" (Kafka; Sämtliche Erzählungen, S. 292 f.).

Nur ein Zwischenglied der Unvermittelbarkeit von Obrigkeitsansprüchen und individueller Identität, von Herrschaft und Untertan, ist die in der ‚Kaiserlichen Botschaft' thematisierte Beziehung des Kaisers zu dem in die fernste Ferne geflüchteten einzelnen. Dieses Herrschafts-verhältnis als ganzes ist streng hierarchisiert. Das Kaisertum selbst ist einer Führerschaft unterworfen, die anonym, raum- und zeitlos bleibt. Aber auch sie stellt noch nicht die Spitze der Hierarchie dar. In ihrer Arbeit empfängt sie – durch das Fenster – nur den ,,Abglanz der göttlichen Welten" (Kafka: Sämtliche Erzählungen, S. 292 f.)

Auf der untersten Stufe der Hierarchie stehen und warten die vielen einzelnen, die sich ,,erst im Nachbuchstabieren der Anordnungen der obersten Führerschaft [...] selbst kennengelernt und gefunden" (Kafka: Sämtliche Erzählungen, S. 292) haben. Zu diesen zählt auch der selbst am Mauerbau beteiligte Chronist. Er lebt nicht auf dem Lande, sondern am Rande des Landes. Seine periphere Position gibt Aufschlüsse über die Glaubwürdigkeit dessen, was er schreibt. Sie bezeichnet seinen Verstehenshorizont. Fern von der obersten Zentralinstanz, von dem Geschehen in der Metropole, schreibt er aus eingeschränkter Perspektive, bewegt er sich im widersprüchlichen Zirkel eines engen Verstehens, äußert er nur Vermutungen, be-nutzt Mythen, Sagen, um das, was eigentlich unfaßbar ist, dennoch zu sagen. Sein fragmen-tarischer Bericht ist selbst Reflex eines fragmentarischen Verstehens, das immer wieder leer-läuft.

Erzählerisch kondensiert wird die Problematik des Verstehens von Herrschaft und der Kom-munikation von Obrigkeit und Untertan in der ‚Kaiserlichen Botschaft'. Der erzählerische Kontext weist den Text als Sage aus. Wichtig für die Interpretation sind die der Sage voraus-gehenden Abschnitte, da sie Informationen über das Verhältnis von Kaiser und Volk ent-halten:

,,Nun gehört zu unseren allerundeutlichsten Einrichtungen jedenfalls das Kaisertum. In Peking natürlich, gar in der Hofgesellschaft, besteht darüber einige Klarheit, wiewohl auch diese eher scheinbar als wirklich ist. Auch die Lehrer des Staatsrechtes und der Geschichte an den hohen Schulen geben vor, über diese Dinge genau unterrichtet zu sein und diese Kenntnis den Studenten weitervermitteln zu können. Je tiefer man zu den unteren Schulen herabsteigt, desto mehr schwinden begreiflicherweise die Zweifel am eigenen Wissen, und Halbbildung wogt bergehoch um wenige seit Jahrhunderten eingerammte Lehrsätze, die zwar nichts an ewiger Wahrheit verloren haben, aber in diesem Dunst und Nebel auch ewig unerkannt bleiben.

Gerade über das Kaisertum aber sollte man meiner Meinung nach das Volk befragen, da doch das Kaiser-tum seine letzten Stützen dort hat. Hier kann ich allerdings wieder nur von meiner Heimat sprechen. Außer den Feldgottheiten und ihrem das ganze Jahr so abwechslungsreich und schön erfüllenden Dienst gilt unser Denken nur dem Kaiser. Aber nicht dem gegenwärtigen; oder vielmehr es hätte dem gegenwärtigen gegolten, wenn wir ihn gekannt, oder Bestimmtes von ihm gewußt hätten. Wir waren freilich – die einzige Neugierde, die uns erfüllte – immer bestrebt, irgend etwas von der Art zu erfahren, aber so merkwürdig es klingt, es war kaum möglich, etwas zu erfahren, nicht vom Pilger, der doch viel Land durchzieht, nicht in den nahen, nicht in den fernen Dörfern, nicht von den Schiffern, die doch nicht nur unsere Flüßchen, sondern auch die heiligen Ströme befahren. Man hörte zwar viel, konnte aber dem Vielen nichts entnehmen.

So groß ist unser Land, kein Märchen reicht an seine Größe, kaum der Himmel umspannt es – und Peking ist nur ein Punkt und das kaiserliche Schloß nur ein Pünktchen. Der Kaiser als solcher allerdings wiederum groß durch alle Stockwerke der Welt. Der lebendige Kaiser aber, ein Mensch wie wir, liegt ähnlich wie wir auf einem Ruhebett, das zwar reichlich bemessen, aber doch möglicherweise nur schmal und kurz ist. Wie wir streckt er manchmal die Glieder, und ist er sehr müde, gähnt er mit seinem zartgezeichneten Mund. Wie

aber sollten wir davon erfahren — tausende Meilen im Süden —, grenzen wir doch schon fast ans tibetani-
sche Hochland. Außerdem aber käme jede Nachricht, selbst wenn sie uns erreichte, viel zu spät, wäre längst
veraltet. Um den Kaiser drängt sich die glänzende und doch dunkle Menge des Hofstaates — Bosheit und
Feindschaft im Kleid der Diener und Freunde —, das Gegengewicht des Kaisertums, immer bemüht, mit
vergifteten Pfeilen den Kaiser von seiner Waagschale abzuschießen. Das Kaisertum ist unsterblich, aber der
einzelne Kaiser fällt und stürzt ab, selbst ganze Dynastien sinken endlich nieder und veratmen durch ein
einziges Röcheln. Von diesen Kämpfen und Leiden wird das Volk nie erfahren, wie Zu-spät-Gekommene,
wie Stadtfremde stehen sie am Ende der dichtgedrängten Seitengassen, ruhig zehrend vom mitgebrachten
Vorrat, während auf dem Marktplatz in der Mitte weit vorn die Hinrichtung ihres Herrn vor sich geht.
Es gibt eine Sage, die dieses Verhältnis gut ausdrückt. Der Kaiser, so heißt es, hat Dir, dem Einzelnen, dem
jämmerlichen Untertanen, dem winzig von der kaiserlichen Sonne in die fernste Ferne geflüchteten Schatten, gerade Dir hat der Kaiser von seinem Sterbebett aus eine Botschaft gesendet." (Kafka: Sämtliche Erzählungen, S. 294ff.)

Die Geschichte und ihr unmittelbarer erzählerischer Kontext lassen zwei unterschiedliche
Kommunikationskreise erkennen, die eng miteinander verzahnt sind: Auf der einen Seite ist
die Sage, durch die die Beziehung zwischen Kaisertum und Volk verdeutlicht werden soll,
Bestandteil des Berichtes des Chronisten. Durch sie und in ihr spricht er einen Adressaten,
ein „Du", an. Allerdings nimmt sich der Sprecher als Ich und als authentischer Gewährsmann von vornherein aus dieser Kommunikationssituation heraus: Er erzählt eine Sage,
deren Herkunft ungewiß ist. Er reiht sich also ein in eine anonyme Erzähltradition; doch
gleichzeitig distanziert er sich von ihr und relativiert ihren Wirklichkeitsgehalt in der Parenthese „so heißt es". Die Sage beruht auf Tradition, auf Meinungen, auf etwas, was man auf
Treu und Glauben annimmt. Sie wird von einem zum anderen weitergegeben; als Geschichte
hat sie Geschichte. Auch sie ist eine Nachricht oder Botschaft, aber die Spuren zu ihrem ur-
sprünglichen Absender verlieren sich.
Zum anderen wird in der Sage selbst eine kommunikative Situation, besser: ein Kommunikationsversuch beschrieben. Schon der erste Satz nennt deren Träger: den Kaiser und seinen
Untertan und das, was beide miteinander verbinden soll: die kaiserliche Botschaft. Initialpunkt des ersten Satzes ist der Kaiser: Er steht im Mittelpunkt einer Welt, die sich um ihn
gleichsam in der Konstruktionsart konzentrischer Kreise aufbaut. Er bestimmt die Perspektive, fertigt von seinem Sterbebett den Boten ab, gibt ihm das Ziel vor. Komplementär ihm
zugeordnet ist der potentielle Empfänger der Botschaft, wie ihn der Schlußsatz skizziert: in
der Vereinzelung, mit der Haltung dessen, der, am Fenster sitzend, die Ankunft der Botschaft erträumt. Beide Sätze bilden zwar formal einen Rahmen, korrespondieren miteinander und ergänzen sich, fügen sich aber nicht zum kommunikativen Ganzen. Die Kommunikation zwischen Absender und Empfänger kommt nicht zustande. In ihr werden jeweils
nur Erwartungshaltungen formuliert, ohne daß sie im kommunikativen Vollzug eingelöst
werden. Der Kaiser erwartet, daß die Botschaft den Untertan erreicht; dieser erträumt er-
wartungsvoll ihre Ankunft. Das kaiserliche Zentrum ist perspektivisch der Peripherie des
einzelnen zugeordnet; dessen Ort ist umgekehrt nur durch die Einstellung auf das Zentrum
definiert. Zwischen beiden Punkten vollzieht sich der Botenlauf. Von ihm handelt der größte
Teil des Textes. Er schildert in immer neuen Anläufen den vergeblichen Versuch des Boten,
die Botschaft dem Empfänger zu überbringen.
Doppeldeutig und widersinnig erscheint es nun, daß der Adressat der Sage, des ersten Kom-
munikationskreises, das „Du", noch einmal im zweiten Kommunikationsprozeß als der
vom Kaiser intendierte Empfänger der Botschaft auftaucht. Im Klartext: Die auf das Du
zielende Sage, die schon angekommen ist und immer wieder ankommt, behauptet, daß die
an das Du gerichtete Botschaft des Kaisers dieses nicht erreicht. Was der kaiserlichen Botschaft also nicht gelingt, das vermag die Sage zu realisieren.

„Sie kommt in einem doppelten Sinne an: einmal insofern sie den Einzelnen beschreibt, wie er sich die Botschaft, noch bevor sie angekommen ist, erträumt: zum anderen aber auch in dem Sinne, daß sie ihm zu Gehör kommt. Wer die Sprache spricht, in der die Sage abgefaßt ist, wird von ihr erreicht. Sie ist schneller als der kaiserliche Bote. Vielleicht — nämlich unter der Voraussetzung, daß sie wahr und nicht gelogen ist — hat sie den gleichen Weg zurückgelegt. Sie käme aus dem Kreis derer, die mit eigenen Augen sehen konnten, wie der sterbende Kaiser einen Boten abgefertigt hat. Von da aus aber hätte sie sich anders und schneller als der Kurier des Kaisers fortbewegt, nämlich nicht mit der Geschwindigkeit eines Menschen, der sich durch eine Menschenmenge drängt, sondern mit der Geschwindigkeit des Gerüchts, das nicht von einem Einzelnen überbracht, sondern von Mund zu Mund weitergegeben wird" (Kittler, S. 46).

Es ist nun aufschlußreich, wie der Sprecher im ersten Satz die beiden Träger der Kommunikation und deren Beziehung zueinander in Wortwahl und Syntax kennzeichnet. Anschaulich wird die große soziale Kluft zwischen beiden durch die Bezeichnung von Rang und Funktion, die sie in der gesellschaftlichen Hierarchie einnehmen: Kaiser und Untertan stehen in einer asymmetrischen, autoritären Beziehung zueinander, d. h., nur der Kaiser sendet, der Untertan empfängt. Ein Rollentausch ist nicht möglich. Die Bedeutung, die die Rollen charakterisiert, scheint zunächst mit der Art ihrer Kennzeichnungen und mit den ihnen in den ersten Sätzen zukommenden Sprachgewichten zu kontrastieren. Der Kaiser wird im ersten Satz nur in nominaler Form genannt, ist zwar Subjekt des Satzes und nimmt in ihm auch eine Frontstellung ein, wird aber durch keine besonderen Eigenschaften oder Hoheitstitel exponiert. In den folgenden Sätzen wird er nur noch — zwar immer noch in der Rolle des Subjekts — in pronominalen Wendungen genannt. Das einzige, was man über ihn selbst erfährt, ist sein agonaler Zustand.

Ganz anders wird der Untertan charakterisiert. Auf dem „Du" liegt die Hauptlast des Satzes; ihm scheint die volle Aufmerksamkeit des Kaisers zu gelten. Drei Appositionen, die in ihrer Verkettung eine Klimax bilden, sollen ihm Konturen verleihen und ihn als den vom Kaiser bestimmten Empfänger der Botschaft ausweisen. Gleichwohl, die sprachliche Quantität ist hier keine Bürgschaft für den Rang des Empfängers. Im Gegenteil, die Kennzeichnungen („dem jämmerlichen Untertanen, dem winzig vor der kaiserlichen Sonne in die fernste Ferne geflüchteten Schatten" (S. 93, Z. 2ff.) betonen dessen Nichtigkeit. Bei diesen handelt es sich sämtlich um Relationsbegriffe, die — ex negativo — die Macht und Hoheit des Kaisers veranschaulichen. Im metaphorischen Oppositionssystem von Sonne und Schatten, von Nähe und Ferne wird die unüberbrückbare Kluft deutlich, die den Kaiser von seinem Untertan trennt. Wie sich Sonne und Schatten, Licht und Dunkel gegenseitig ausschließen, so schließen sich auch Kaiser und Untertan aus. Der letztere ist vor dem Licht und der Nähe des Kaisers geflohen, vielleicht weil er sie nicht verkraften kann.

Solche Ausschließlichkeit wird dennoch vom Autor nicht absolut gesetzt; die Trennung scheint aufhebbar. Gerade sie impliziert ein Drittes, den Boten, der die fernste Ferne mit seiner Botschaft überwinden soll. Er selbst trägt das Zeichen der Sonne, „ein Zeichen, das kein Licht ausstrahlt, sondern das selber in dem Licht erscheint, welches das Wissen von seiner Bedeutung ist" (Kittler, S. 44).

Konstatiert der erste Satz in Struktur und Inhalt den schier unüberbrückbaren Abstand von Kaiser und Untertan, so macht die Binnengeschichte anhand des vom Kaiser so zielsicher veranlaßten Botenlaufs die räumliche und zeitliche Ferne sprachlich und poetisch sinnfällig. Das Erzählen wird hier im buchstäblichen Sinne zum Zählen von unendlich vielen Teilstrecken, ohne daß dieses allerdings von der Stelle kommt. Die Paradoxie besteht darin, daß der Bote die Bewegung des Laufens vollzieht, ohne einen nennenswerten Weg im Hinblick auf seine Zielvorgabe zurückzulegen.

Dabei wird zunächst einmal das Unterfangen selbst- und zielsicher in Szene gesetzt: Der Kaiser fertigt — vor der Öffentlichkeit des Hofes, „vor der ganzen Zuschauerschaft" — den Boten selbst ab; fast penibel überzeugt er sich davon, ob der Bote die Botschaft auch richtig

verstanden habe. Und auch dieser selbst scheint alle physischen Voraussetzungen mitzu-
bringen, sein Mandat zuverlässig zu erfüllen: Er „hat sich gleich auf den Weg gemacht; ein
kräftiger, ein unermüdlicher Mann" (S. 93, Z. 15 f.). Wie kein anderer scheint er leicht voran-
zukommen, mit dem Zeichen der Sonne auf der Brust jeden Widerstand überwinden zu
können. Die Faktizität der Vorwärtsbewegung, die von unbeirrbarer Willenskraft getragen
wird, verbürgt sinnfällig der Indikativ. Dem Erfolg des Unternehmens, dem Vollzug der Verfügung, steht offenbar nichts im Wege.
Dennoch leitet ein einziges Wort den Umschwung ein: Das adversative „Aber", das ziemlich
genau im Zentrum des Textes steht, macht alle Anstrengungen mit einem Schlage zunichte,
unterminiert die Standfestigkeit der voraufgegangenen Sätze. Die sich in ihnen ausprägende
rhythmische Bewegung, die gleichmäßig aufsteigt und abfällt, gerät plötzlich ins Schlingern:
„Aber die Menge ist so groß; ihre Wohnstätten nehmen kein Ende" (S. 93, Z. 20 f.). Dieser
Satz bildet den Scheitelpunkt des Textes. Willensstärke und Tatkraft des Boten sind nutzlos.
Je mehr er sich abmüht, desto höher türmen sich die Hindernisse, desto mehr rückt das Ziel
aus den Augen. Er tritt auf der Stelle. Vom Ziel her gesehen, hat er noch keinen Weg zurückgelegt: Immer noch zwängt er sich durch die Gemächer des innersten Palastes. Da der Botenlauf — und das ist endgültig — nicht zum Ziel führt, wird er im Konjunktiv erzählt: Der Bote
ist Gefangener eines Labyrinths: Gemächer kann er nicht durcheilen, Türme nicht überwinden. Das Draußen, die freie Welt, ist nur im Irrealis gegeben („Öffnete sich freies Feld ...").
Andererseits wird die Widerständigkeit der Hindernisse durch den Gebrauch des Indikativs
unterstrichen. So wird das Streben des Boten immer wieder auf die Anfangssituation zurückgeworfen. Die Sätze scheinen vom Anfang wegzuführen, ohne ihn wirklich zu verlassen. Die
Mannigfaltigkeit an Negationen („niemals", „niemand", „nichts") und adversativen Bestimmungen („Aber"; „statt dessen") betonen die Vergeblichkeit des Botenlaufs. Die kurzen,
manchmal unvollständigen Sätze, die zumeist nur durch das Semikolon getrennt sind, erzeugen eine stetig wiederkehrende rhythmische Figur, die dem Auf und Ab des Pendels
ähnelt. Eine solche mechanische Bewegungsform ist der Ausdruck des schier endlosen Ver-
laufs erfolgloser Anstrengungen. Kafkas Wort vom „stehenden Sturmlauf" bestimmt den
Charakter der Sätze. In unablässigen Ansätzen und Wiederholungen ratifizieren die Handlungen des Boten nur den einen Satz: „und gelänge ihm dies, nichts wäre gewonnen".
Am Ende dieser langen Satzkette scheint Kafka für einen Augenblick die Vergeblichkeit
aufheben, den Teufelskreis durchbrechen zu wollen. Mit seiner Wendung „und stürzte er
endlich" taucht ein Moment der letzten Spannung und Erwartung auf. Noch einmal kann
und soll sich der Leser in der Illusion wiegen, ein reales Vorwärtskommen des Boten sei jetzt
zu erwarten. Doch der Satz kann nicht halten, was er verspricht: Er setzt im ersten Teil nur
den Irrealis der voraufgegangenen Sätze fort. Die Parenthese „aber niemals, niemals kann es
geschehen" (S. 93, Z. 32 f.) würgt abrupt auch diesen Versuch ab, und der im Indikativ gehaltene Nachsatz, der die Wenn-dann-Logik konsequent zu Ende führt, konstatiert lapidar nur
die Unüberwindlichkeit der Realität. Der Übermittlung der Botschaft steht nun auch — nur
anscheinend widersinnig — der Tod dessen entgegen, der sie einstmals veranlaßte: der des
Kaisers. „Niemand dringt hier durch und gar mit der Botschaft eines Toten" (S. 93, Z. 34 f.).
Vielleicht haben die Sage und mit ihr die Kunde vom Tode des Kaisers die Botschaft schon
längst eingeholt und dem Boten die Legitimation für deren Übersendung entzogen. Vielleicht
ist mit dem Tode des Kaisers auch sein Machtanspruch erloschen. Wichtiger als solche Überlegungen erweist sich der Tatbestand, daß der Tod des Kaisers auch die Rückkopplung zunichte macht. Der Kommunikationsversuch ist und bleibt einseitig. Die kaiserliche Botschaft
scheint die letzte Verfügung zu sein; die Botschaft und die Sage über ihn überleben den
Kaiser.

Der letzte Satz der Erzählung erzwingt, kenntlich gemacht durch den Gedankenstrich, der ihm vorangeht, den radikalen Perspektivenwechsel. Seine Isolation im Textgefüge ist Abbild der Isolation des Adressaten. Die von ihm entworfene Situation bezeugt die Sehnsucht des „Du“ (Fenster), hüllt sie aber zugleich in Melancholie und Trauer (Abend). Die Sage erreicht das Du, die Botschaft nicht. Ihm bleibt nur der Traum, der die Ankunft der Botschaft vorwegnimmt, so weiß die Sage zu berichten.

An dieser Stelle empfiehlt es sich, sich noch einmal die in dem und durch den Text entwikkelte Kommunikationssituation und deren Momente zu vergegenwärtigen. Genannt werden alle die Faktoren, die unabdingbar sind für das Zustandekommen von Kommunikation: der Absender, die Botschaft, das Medium, der Übertragungskanal, schließlich der Empfänger. Thematisiert werden darüber hinaus die Beziehungen zwischen dem Kaiser und seinem Untertan. Dennoch greift der kommunikative Vollzug in die Leere. Und dies liegt nicht nur daran, daß der Übertragungsweg zu lang ist und zu viele Hindernisse aufweist. Entscheidend bleibt, daß Kafka den wichtigsten Aspekt der Kommunikation ausspart: Der Leser der Sage erfährt nichts über den Inhalt und über den Sinn der Botschaft. In der Gebärdensprache des Textes — der Kaiser läßt den Boten niederknien, flüstert ihm die Botschaft ins Ohr, läßt sie sich wiederholen und bestätigt durch Kopfnicken ihre Richtigkeit — schimmert zumindest etwas von ihrer Bedeutung durch, doch Rückschlüsse über die Informationen, die sie enthält, läßt auch sie nicht zu. Sie kann eine Botschaft der Verzweiflung, eine Hiobsbotschaft, sein, sie kann aber auch Hoffnung für den bedeuten, den sie erreichen soll. Die mögliche Dualität der Adresse hält zumindest den Erwartungshorizont ihres Empfängers offen. Verzweiflung und Hoffnung sind dessen Endpunkte. Bezeichnenderweise heißt es denn auch im Kontext der Sage von diesem: „Genau so, so hoffnungslos und hoffnungsvoll, sieht unser Volk den Kaiser“ (Kafka: Sämtliche Erzählungen, S. 296). Ist die Botschaft ein Fluch, so kann der Umstand, daß sie nicht überbracht werden kann, vielleicht sogar das Glück des einzelnen bedeuten; ist sie ein Segen, so nimmt die Tatsache, daß sie steckenbleibt, ihm jede Hoffnung. So steht es dem Empfänger „frei, seinen eigenen Untergang oder seine Erlösung zu phantasieren. Nur eines ist für ihn gewiß: daß eine Botschaft an ihn unterwegs ist“ (Kittler, S. 51).

3.5 ‚Der Kreisel‘ oder das Ende parabolischer Erkenntnis

Eine der zentralen Denkfiguren, unter die sich Kafkas Parabeln subsumieren lassen, ist der Kreis. So sind nicht nur ihre Kompositionen und Erzählvorgänge häufig auf das Kreismodell rückführbar, selbst der Leser — und darin ähnelt er den Helden Kafkas — wird in seinen Verstehensbemühungen der Parabeln immer wieder auf die Ausgangsposition zurückgeworfen. Auch in den Texten selbst taucht die Kreisfigur in Modifikationen auf. Wie wir z. B. an der Erzählung ‚Auf der Galerie‘ gesehen haben, verdichten sich insbesondere im visionären Bild der monatelang im Kreise herumgetriebenen Kunstreiterin Erfahrungen existentieller Ausweglosigkeit. Die mechanisch vollzogene Kreisbewegung dementiert hier grundlegend jedes Vorankommen, jede Entwicklung.

Auch in der im November 1920 entstandenen Parabel ‚Der Kreisel‘ (Editionen, S. 68 f.) geht es um diese Kreisbewegung, genauer: um das Problem der Erkenntnis eines sich drehenden Kreisels. Im Hinblick auf die Bedeutung der Kreisfigur für Kafkas Werk ist es didaktisch sinnvoll, mit der Interpretation dieser Geschichte kennzeichnende Merkmale von Kafkas Parabolik zu resümieren und zu vertiefen. Hinzu kommt ein anderer bedeutsamer Aspekt: Mit dem in seiner Parabel aufgeworfenen philosophischen Erkenntnisproblem, im Besonderen das Allgemeine zu bestimmen, knüpft Kafka an das Verstehen und Deuten herkömmlicher Parabeln an und macht beide selbst zum Objekt parabolischen Erzählens. Damit besteht die Möglichkeit, die hermeneutische und historische Differenz zwischen der Deutung herkömmlicher Parabolik und dem Begreifen von Kafkas Parabeln an einer dieser selbst zu bestimmen. Kafkas Skizze stellt eine Absage an die Erkenntnisbemühungen des Philosophen dar. Gezeigt wird im erzählerischen Verlauf die Ohnmacht des Philosophen, in der kleinsten Kleinigkeit das Allgemeine zu erfassen.

Der Erzählduktus des Textes setzt mit einer knappen Vorstellung des Personals ein: Ein Philosoph sucht die Nähe spielender Kinder und beobachtet sie beim Spielen mit den Kreiseln. Die Verbfolge der ersten Sätze weist ihn als Vaganten („Trieb sich immer dort herum") und Jäger („sah"; „lauerte"; „verfolgte"; „fangen") aus. Solche Metaphorik deckt sich durchaus mit dem herkömmlichen Bild des Philosophen. Er ist stets auf der Jagd nach Erkenntnis. Wie ein Jäger trifft er seine Vorbereitung, hat er „Hoffnung", Beute zu machen, und ist er glücklich, wenn er sie anscheinend gemacht hat. Sein Vagantentum ist indes kein sinnloses Umherstreifen; gezielt hält er sich immer dort auf, wo Kinder spielen. Dies hat allerdings seinen Grund. Nur hier glaubt er, Erkenntnis zu gewinnen. Ihr Spiel ist noch harmlos, naiv, vorbewußt; sie selbst sind unschuldig und streben nicht nach Erkenntnis, sie betreiben unreflektiert das Kreiselspiel, fragen nicht nach seinem Zweck und versuchen es auch nicht durch Beobachtung und Erklärung zu ergründen. Genau das aber intendiert der Philosoph. Er beläßt das sich drehende Ding nicht in seinem Sosein und greift in das Spiel der Kinder ein, obwohl sie ihn lärmend davon abzuhalten suchen. Er ergreift den sich noch bewegenden Kreisel und läßt ihn dann achtlos wieder fallen. Seine Bemühung, in der alltäglichen Kleinigkeit das Allgemeine zu erfassen, scheitert. Weil er die Bewegung des Kreisels, um sie zu erkennen, anhalten muß, bleibt ihm am Ende nur das „dumme Holzstück in der Hand". Die für jede Erkenntnis konstitutive Fixierung des Objektes nimmt diesem das Leben — darin endet und bewahrheitet sich die Metaphorik der Jagd —, reduziert es letztlich auf seine pure Materialität; sein Streben, im Besonderen die Wahrheit aller Dinge zu ergreifen, fördert letztlich nur eine Wahrheit zutage: die Unmöglichkeit, Erkenntnis zu erlangen. „Wir haben es hier mit einer Art von Demonstration der Quadratur des Kreises zu tun, mit einem Bekenntnis zur Ohnmacht der Philosophie. Recht behalten die Kinder, die das naive, unreflektierte, spielerische Leben darstellen. Leben läßt sich mit Beobachtung des Lebens nicht vereinbaren" (Binder: Kafka-Handbuch, Band 2, S. 375). Die Überheblichkeit des Philosophen, im Akte rationaler Erkenntnis die Wahrheit der Dinge in seinen Besitz bringen zu wollen, um über sie verfügen zu können, bringt ihn selbst aus dem Gleichgewicht und deformiert ihn. Die Hektik, die seine Erkenntnisbemühungen bestimmt, treibt sie immer wieder in die Aporie, läßt sie zirkulär werden, gleichsam die Bewegung des Kreisels vollziehen. So werden die Erkenntnisversuche des Philosophen an sich selbst irre. Sie führen immer nur zum Ausgangspunkt zurück. Ihm wird übel, die Kreiselbewegung der Erkenntnis läßt ihn schwindelig werden und in der Realität taumeln. Nicht nur das Objekt, das er erkennen will, ist ihm fremd, eben das dumme Holzstück, sondern auch er wird sich selbst fremd, wird zum Ding. Am Ende sind die Rollen vertauscht: Nun ist er der Gejagte, der von den Kindern Gehetzte und der gleichsam wie ein Kreisel Gepeitschte. Nur ist die Bewegung, die er vollführt, nicht mehr identisch mit der sich offensichtlich selbst genügenden Bewegung des Kreisels in der unreflektiert-ungebrochenen Welt der Kinder. Sie ist deformiert. Er selbst hat sein Gleichgewicht im Leben verloren („taumelt"). Das ist der Preis, den er für seine Erkenntnisbemühungen zu entrichten hat. Damit opponiert die Parabel gegen die optimistische Philosophie, die der herkömmlichen Parabel, etwa der der Aufklärung, eignete. Sie widerlegt die Sinnerwartung des Lesers, im besonderen Parabelgeschehen die allgemeine Bedeutung zu finden, und zeigt — darin steckt ihre Paradoxie —, daß parabolisches Verstehen unmöglich ist.

4 Brechts Parabeln

Um einen sinnvollen Übergang von den Parabeln Kafkas zu denen von Brecht zu gewinnen, bietet es sich an, Kafkas ,Kreisel' mit Brechts ,Weise am Weisen ist die Haltung' (Editionen, S. 79) zu vergleichen. In beiden Texten wird die Rolle des Philosophen und dessen Bemühungen um Erkenntnis und Weisheit einer grundlegenden Kritik unterzogen. Dieses Verfahren soll zunächst jedoch nicht gewählt werden. Es würde die Schüler überfordern, zumal da beide Texte in ihrer Gestaltung kompliziert sind, ihr Vergleich die Schwierigkeiten des Verstehens potenzieren würde.
Ein Vergleich soll erst dann durchgeführt werden, wenn wir uns der strukturellen Eigenart und besonderen Funktion der Keuner-Geschichten vergewissert haben. Da die Keuner-Geschichten, schon allein aus dem Grunde, weil sie um die Figur Keuners zentriert sind, ein relativ homogenes Textkorpus bilden, empfiehlt es sich zunächst, anhand exemplarischer Textanalysen übergreifende Merkmale in der Struktur herauszuarbeiten.
Brechts Geschichten von Herrn Keuner — es handelt sich, wenn man von der Werkausgabe bei Suhrkamp ausgeht, um 87 Texte — sind in einem Zeitraum von 30 Jahren entstanden. Die erste Geschichte datiert vermutlich auf das Jahr 1926; noch in seinem Todesjahr 1956 schrieb Brecht, ,Herr Keuner und Freiübungen'. Dieser Sachverhalt dokumentiert das außerordentliche Interesse des Dichters an der Gestaltung dieser Form von Kurzprosa, die mancherlei Ähnlichkeiten mit der Anekdote, dem Witz, der Scherzrede und schließlich auch der Parabel aufweist. Da die meisten Texte der Sammlung am Ende der 20er oder Anfang der 30er Jahre geschrieben worden sind, stehen sie im engen Zusammenhang mit den in dieser Zeit entwickelten Lehrstücken, etwa der ,Maßnahme', dem ,Badener Lehrstück vom Einverständnis' und dem ,Fatzer'-Fragment. In dem werkgeschichtlichen Kontext taucht nicht nur die Figur des Herrn Keuner als Denkender oder denkend Verändernder wiederholt auf, sondern die Lehrstücke haben Struktur und Funktion der Keuner-Geschichten entscheidend geprägt. Vereinzelt sind sie als Kommentare, Beispiele und Szenenentwürfe konzipiert.

4.1 ,Das Wiedersehen' oder die verdeckte Geschichte

Auffallend sind die Kürze und Bündigkeit des Textes. Unvermittelt wird der Leser in die Situation geführt, fast abrupt wird er wieder aus ihr entlassen. Vergegenwärtigt wird in umgangssprachlicher Form eine alltägliche Szene: Zwei Personen, Herr K. und ein nicht näher charakterisierter Mann, sehen sich nach langer Zeit wieder. Höflich, aber letztlich formelhaft unverbindlich ist die Anrede des Mannes: „Sie haben sich gar nicht verändert" (Editionen S. 79, Z. 17 f.). Sie ist rekurrentes Sozialmuster, will auch nach langer Trennung soziale Kontinuität sichern. Daß der andere sich in seinem Aussehen und in seinen Verhaltensweisen nicht verändert, sozusagen seine Identität bewahrt hat, ist zunächst als Stabilisierungsfaktor von Interaktion zu sehen. Der Mann will gleichsam wieder dort anknüpfen, wo er vor einiger Zeit aufgehört hat. Eine solche Anredeform soll die Unsicherheit der erneuten Begegnung kompensieren und die erste Verlegenheit des Wiedersehens überwinden helfen. Da der Gesprächspartner der alte geblieben ist, kann sich auch ein herkömmliches Erwartungsmuster einstellen und festigen. Ein solcher ritualisierter, verbaler Gestus schafft neues Vertrauen. Darin steckt seine Funktion. Er soll dem Wiedersehen soziale Verbindlichkeit verleihen. Um so befremdender mutet die Reaktion Keuners an. Während seine Antwort mehrdeutig bleibt, irritiert seine mimische Reaktion: Sein Erbleichen wirkt auf den ersten Blick unverständlich und scheint auch kaum mit der von ihm geäußerten Empfindung in Einklang zu bringen sein. Läßt sich diese noch als Zeichen der Zustimmung, Überraschung und Freude nehmen, so ist das Erbleichen als Negativ-Reaktion akzentuiert. Liest man den Text indes vom Schluß her, so verschiebt sich auch die Bedeutung der Replik Keuners eindeutig ins Negative. Das „Oh" wird vom Ende des Textes gleichsam semantisch umgepolt. Sprache und Haltung K.s entlarven nicht nur die Höflichkeitsfloskel als Sprachformel, sie stellen gleichzeitig auch das auf geschichtliche Kontinuität und Identität zielende Sozialmuster des Gegenübers in Frage. Der Leser wird durch diese unvorhergesehene Reaktion Keuners veranlaßt, den Text gegen die geläufige Leserichtung vom Schluß bis zum Anfang neu zu buchstabieren, sich also auch noch einmal intensiv, d.h. wortwörtlich mit der Anrede des Mannes und dem, was sie impliziert, zu befassen. Worin steckt, so fragt sich der Leser angesichts der Reaktion von K., das Ungeheuerliche, das ganz und gar Inkommensurable in der Aussage des Mannes? Was macht sie zum 'Scandalon' für Keuner? Weshalb irritiert ihn gerade der Umstand, daß er sich nicht verändert haben soll? Fühlt er sich entlarvt?

Wenn die Aussage des Mannes aufgrund des Augenscheins ein unveränderliches Wesen K.s unterstellt, was ja für diesen durchaus auch ein Kompliment sein kann, dann bedeutet das aber auch, daß dieser sich in einer Zeit politischer und sozialer Veränderungen nicht verändert habe. Und gerade solche Auffassung, die ihm gewissermaßen Unempfindlichkeit in bezug auf historische Erfahrungen, mithin auch auf das Erfahren von sozialen Problemen und menschlichem Leiden attestiert, muß ihn verstören, da sie impliziert, er habe „nicht an dem permanenten Prozeß der gesellschaftlichen Fortentwicklung teilgenommen" (Hopster, S. 239). Damit bricht Keuners Reaktion die Banalität des Alltags auf und entzaubert die nachlässig gebrauchte Sozialgeste. So zielt die in der Pointe gipfelnde Dialektik des Textes auf ein Umdenken des Lesers. Er soll seine eingeschliffenen Sprachformen und die sich hinter ihnen verbergenden Denk- und Sozialmuster kritisch überprüfen. Der Text zeigt, daß das vorgeblich Bekannte noch lange nicht erkannt ist. Erst die befremdliche Reaktion des Herrn Keuner vermag auf seiten des Lesers solche Erkenntnisprozesse auszulösen, die die unscheinbaren Sozialgesten des Alltags auf ihre latente Ideologie hin befragen.

Damit ist klar: Herr K. kann und will für den Leser nicht Identifikationsfigur sein. Zu ungewohnt ist seine Reaktion; sie setzt das Denken des Lesers frei, um ihn seinerseits zu reflektiertem Handeln zu veranlassen. Es geht hier nicht um die Vermittlung einer unveränderlichen Wahrheit; gerade dieses Verfahren der unhistorischen Verdinglichung von Wesen und Wahrheit wird ja in unserem kleinen Text widerlegt, sondern um den Aufweis einer Haltung, deren Geltungsanspruch sich aus der jeweiligen Situation ergibt. Insofern ist die Geschichte prozeßorientiert. „Denken", so formuliert K. in einer anderen Geschichte, „heißt verändern. Wenn ich an einen Menschen denke, dann verändre ich ihn, beinahe kommt mir vor, er sei gar nicht so, wie er ist, sondern er sei nur so gewesen, als ich über ihn zu denken anfing" (Brecht: Gesammelte Werke, Band 12, S. 402).

4.2 ‚Der natürliche Eigentumstrieb' oder unnatürliche Besitztümer

Spätestens bei der Interpretation der zweiten Keuner-Geschichte wird es erforderlich sein, im Unterricht den Namen Keuner genauer unter die Lupe zu nehmen. Den Schülern wird die Abstraktheit von Name und Figur auffallen. Herr K. besitzt als Gestalt, das zeigen auch die anderen Geschichten, kaum individuelle Konturen. Als Charakter im Sinne einer psychologisierenden Biographie wird er nicht exponiert; über sein Innenleben, über seine persönlichen Lebensumstände erfährt der Leser kaum etwas. Charakterisiert wird er allein durch seine Reden und die sich in ihnen verkörpernden Haltungen. Der unspezifischen Anlage der Figur, ihrer Eigenschaftslosigkeit, entspricht die Allgemeinheit ihres Namens. W. Benjamin, der als zuverlässiger Gewährsmann gelten kann, weil er Anfang der 30er Jahre intensiven Kontakt zu Brecht pflegte, versteht Keuner als mundartliches Analogon zu „Keiner". Durchaus vereinbar mit der Benjaminschen Deutung von Keuner als Niemands-Gestalt ist die etymologische Herleitung des Namens von Koiné oder Keunos. Beide griechischen Ausdrücke zielen auf das Allgemeine, Öffentliche, allen Gehörende.

„In der Tat ist Herr Keuner der alle Betreffende, allen Gehörende, nämlich der Führer. Er ist es nur ganz anders, als man sich einen Führer gewöhnlich vorstellt; beileibe kein Rhetor, kein Demagog, kein Effekthascher oder Kraftmensch (wie Hitler). Seine Hauptbeschäftigung liegt meilenweit fort von dem, was man sich heute unter einem Führer vorstellt. Herr Keuner ist nämlich der Denkende" (Knopf, S. 313).

Als Denkender, Argumentierender, Dialogisierender, der ungeahnte Denkwege einschlägt, zeigt er sich auch in der Parabel ,Der natürliche Eigentumstrieb' (Editionen, S. 82f.). Schon der Titel bezeichnet prägnant das Problem, mit dem sich K. beschäftigt. Der Ausgangspunkt der Geschichte weist zunächst allerdings diesen natürlichen Eigentumstrieb gar nicht als Problem aus.

Jemand hat in einer Gesellschaft, in der auch K. weilt, behauptet, der Eigentumstrieb sei natürlich. Auf diese abstrakte These antwortet K. mit seiner Geschichte von den „alteingesessenen Fischern". Zunächst hat es den Anschein, als wolle er mit seiner Geschichte nur ein Exempel für diese Behauptung liefern, um sie zu beweisen.

Der vorgeblichen Apologetik K.s ordnet sich nicht nur der Titel seiner Geschichte unter, sondern auch die Art seines Erzählens: Die Geschichte gibt sich zunächst realistisch: „An der Südküste von Island gibt es Fischer" (S. 82, Z. 28f.). Mit der räumlichen Entfernung stellt sich auch erzählerische Distanz ein. Nüchtern und knapp vergegenwärtigt der Erzähler die Situation; Ort, Personen und ihre Verhältnisse werden genannt. Ein Höchstmaß an Objektivität scheint gesichert zu sein, zumal da der Erzähler die Vorgehensweise der Fischer, die Aufteilung des „dortige[n] Meeres", detailgetreu schildert. Stutzig gemacht wird der Leser allerdings – trotz oder wegen aller Realistik der Darstellung – durch den umständlichen Gebrauch von deiktischen und präpositionalen Fügungen („die das dortige Meer vermittels festverankerten Bojen in einzelne Stücke zerlegt und unter sich aufgeteilt haben"; S. 82, Z. 29ff.). Die sprachliche Sorgfalt des Erzählers korreliert hier mit der Pedanterie, in der die Fischer das Meer aufteilen. Solche Parzellierung, darauf zielt die Darstellung, ergibt sich fast zwangsläufig aus den natürlichen Gegebenheiten. Es scheint so, als entspringe sie selbst dem natürlichen Verlangen der Fischer nach Eigentum. In dem Maße, wie der Erzähler die Lebensumstände genau beschreibt, schlägt sein Ernst indes immer mehr in Komik, fast Skurrilität um. Brecht/Keuner opponiert unterschwellig gegen die Selbstverständlichkeit seiner Darstellung und das Tun der Fischer. Konsequent entwickelt er eine Bilderfolge, mit der das Wort Meer stets durch die Metaphorik Land/Boden umschrieben wird. Das setzt ein mit der Kennzeichnung der Parzellen als Meeresfelder und erreicht seinen Kulminationspunkt in dem Neologismus „meeresständig". Solche Metaphorik, die ideologisch vorbelastet ist, schließt allerdings weit über das Ziel hinaus. Sie verdeutlicht nicht mehr die Natürlichkeit des Eigentumtriebes, sondern pointiert dessen Absurdität. Daß die Fischer mit ihren Wasserfeldern „verwachsen" sind, ist noch um ein Vielfaches grotesker als die im Blut-und-Boden-Kult mystifizierte Verwurzelung des Bauern in seinem Boden. Die von Keuner gewählte Metaphorik entlarvt ein Denken, das das Verhalten des Menschen aus der Macht des Bodens zu erklären sucht, als geschichtsfeindlich, fortschrittshemmend. Das eigensinnige Festhalten der Fischer an ihren Meeresfeldern, und zwar auch dann noch, wenn diese keine wirtschaftlichen Erträge mehr abwerfen, dokumentiert deren Unfreiheit, ja Borniertheit. Doch damit nicht genug: In ihrer Absurdität kaum zu überbieten ist die Vorstellung, daß die wasserständigen Fischer sich besonders große Fische, die sie gefangen haben, als Haustiere halten und ihnen individuelle Namen geben.

Solche Absurdität ist letztlich aber nur Reflex einer gesellschaftlichen Praxis, in der Produktion und Konsumtion nicht mehr in einem angemessenen Austauschverhältnis stehen, Arbeit und deren Genuß also in unnatürlicher Weise getrennt sind, weil ein anachronistischer, reaktionärer Eigentumsbegriff deren produktive Vermittlung verhindert. Das wird auch in den weiteren Ausführungen Keuners deutlich. Die Ideologisierung des Eigentumstriebes, die den Fischern die Lebensumstände diktiert, hat gefährliche wirtschaftliche und politische Konsequenzen: „Seit einiger Zeit soll es ihnen wirtschaftlich schlecht gehen, jedoch weisen sie alle Reformbestrebungen mit Entschiedenheit zurück, so daß schon mehrere Regierungen, die ihre Gewohnheiten mißachteten, von ihnen gestürzt wurden" (S. 83, Z. 9 ff.). Der Schlußsatz Keuners bündelt die Geschichte und scheint formal eine Bestätigung der vorangestellten These zu erbringen. Die Macht des Eigentumstriebes, der „der Mensch von Natur aus unterworfen ist", scheint unwiderlegbar bewiesen. Dennoch widerlegt die Art des voraufgegangenen Diskurses solche ausdrückliche Bestätigung. Dadurch, daß die Natürlichkeit des Eigentumstriebes fast grotesk herausgestellt wird, ist ihm die Natürlichkeit als Basis entzogen und er der Unnatur überführt. Diesen dialektischen Denkprozeß hat der Leser produktiv nachzuvollziehen. Das kann er allerdings nur dann leisten, wenn er die Geschichte Keuners wortwörtlich und gleichzeitig zwischen ihren Zeilen liest. Nur so wird er die verfremdende Funktion des Bildes der Wasserständigkeit erkennen, das, in Analogie zur Bodenständigkeit gebildet, gerade deren reaktionären Charakter enthüllt.

4.3 ‚Wenn Herr K. einen Menschen liebte' oder die Produktivität des Liebens

In den meisten Keuner-Geschichten werden in erster Linie die Voraussetzungen, Bedingungen und Möglichkeiten zwischenmenschlicher Kommunikation thematisiert. Dem entspricht häufig die Dialogisierung der Texte. In ihnen wird in der Regel von der charakterlichen Eigenart der jeweiligen Gesprächspartner abstrahiert. Deutlich sind allein deren Stand und Bewußtsein. Diese zeigen sich in verschiedenen sozialen Haltungen und eben in den Formen, wie sie miteinander kommunizieren. Dabei ist Keuner derjenige, der herkömmliche Haltungen, Verstehens- und Deutungsmuster in überraschender Weise problematisiert und damit den Lesern Denkanstöße für die Entwicklung eines neuen gesellschaftlichen Bewußtseins gibt.

Prototyp eines solchen Verfahrens ist die Keuner-Geschichte ‚Wenn Herr K. einen Menschen liebte'. Schon der Titel, und von ihm könnte die Betrachtung des Textes im Unterricht ausgehen, weckt aufgrund seiner syntaktisch-semantischen Unvollständigkeit Erwartungen, veranlaßt den Leser, den Satz versuchsweise fortzusetzen und sich in solcher Fortschreibung des angesprochenen Phänomens des Liebens genau zu vergewissern. Der folgende Text soll dazu die entsprechenden Denkimpulse liefern.

Der Text besteht im wesentlichen aus einem Dialog. Dieser entfaltet sich als Frage-und-Antwort-Spiel. Keuners Meinung wird zu einem Sachverhalt erbeten, der so alltäglich erscheint, daß er kaum der Frage wert ist. Schaut man sich indes den genauen Wortlaut der Frage an, dann ist er hintergründiger, als er sich auf den ersten Blick darstellt. Die Frage zielt nicht, etwa im Sinne der platonisch-sokratischen Fragetechnik, auf eine Wesensbestimmung von Liebe, auf etwas, was diesen Begriff notwendig und überzeitlich charakterisiert. Ihr geht es überhaupt nicht um eine Definition von Begriffen. Keuner wird ganz praktisch nach der Haltung, nach dem sozialen Äquivalent der Tätigkeit des Liebens gefragt: „Was tun Sie [...], wenn Sie einen Menschen lieben?" (S. 82, Z. 20 f.). Die Antwort Keuners und die knappen

Kommentare, die er auf weitere Nachfragen gibt, überraschen, ja provozieren. Diese Wirkungen erklären sich formal zunächst aus dem unvermittelten, pointierten Schluß der Geschichte. Der Dialog bricht ab, der Leser wird mit der Keunerschen Antwort allein gelassen, diese weicht von konventionellen Normen und Denkgewohnheiten ab. Sie bedarf der Erläuterung und Überprüfung. Der Leser hat ihren Gründen und Motiven nachzuforschen.

Warum, so wird er sich fragen, besteht das Lieben des anderen gerade darin, ihm den eigenen Entwurf anzupassen? Bedeutet es nicht geradezu das Gegenteil von Liebe, wenn man den anderen zum Objekt des eigenen pädagogischen Begehrens und Entwerfens macht? Unzweifelhaft verfremdet die Antwort Keuners ein Verständnis von Lieben, das eher mit der Haltung korrespondiert, den anderen in seinen Eigenheiten, in seinem Denken, Fühlen und Meinen, so anzunehmen, wie er ist. Darauf zielt letztlich auch die Rückfrage des fiktiven Gesprächspartners, der sich offensichtlich in dieser Denkrichtung nur noch einmal rückversichern will. Solche Auffassung hat eine wirkungsmächtige Tradition hinter sich. Sie verweist auf das in 2. Mose, 20, 4 formulierte Bildnis-Verbot: Du sollst dir kein Bildnis machen. Das Schema oder das Bildnis, so will es eine bestimmte theologische Deutung, engt Gott ein, reduziert seine Möglichkeiten, stutzt ihn auf menschliche Verhältnisse zurecht und hebt seine Unfaßbarkeit auf. Es ist bekannt, daß das Werk von Max Frisch, seine Dramen, Romane und Tagebücher, zum größten Teil um diese Bildnisproblematik zentriert sind. Auch für ihn impliziert – und darin deckt sich seine Position mit der Auffassung von Keuners Gesprächspartner – Liebe das Verbot, sich Bildnisse von anderen anzufertigen: „Es ist bemerkenswert", so behauptet er, „daß wir gerade von dem Menschen, den wir lieben, am mindesten aussagen können, wie er sei. Wir lieben ihn einfach. Eben darin besteht ja die Liebe, das Wunderbare an der Liebe, daß sie uns in der Schwebe des Lebendigen hält, in der Bereitschaft, einem Menschen zu folgen in allen seinen möglichen Entfaltungen.“[3] Solche Anwendung des Bildnisverbotes auf Menschen ist, wirkungsgeschichtlich betrachtet, Ergebnis einer Säkularisierung. Das macht sie der Konzeption Keuners ähnlich. Auch für ihn spielt die theologische Dimension dieser Problematik keine Rolle mehr. Allerdings hebt Keuner – und darin unterscheidet er sich von der apologetischen Haltung Frischs – auch das Bildnisverbot auf.

Die Deutung der Position Keuners hängt nun entscheidend davon ab, wie man den Begriff „Entwurf" versteht. Da er Merkmale im Sinne pädagogischer Technokratie konnotiert, stößt er den Leser ab, der die Liebe an Individuation und Subjektivität rückbindet. Doch dies ist von Brecht beabsichtigt. Keuner gelingt es durchaus, dem Leser den Blick für die produktiven Aspekte des Liebens zu öffnen. Lieben ist nicht ausschließlich primär Hingabe. Wenn man liebt, tut man etwas. Dabei erstellt man keine fertigen Bildnisse. Den Begriff des Entwurfs hier durch den der Schablone zu ersetzen, hieße, Keuner mißzuverstehen. Der Entwurf ist kein schematisches Idealbild des anderen, dem dieser nun gerecht werden muß. Dies hieße ja, ihn zu fixieren, ihn in Besitz zu nehmen. Der Entwurf hingegen, wie Keuner ihn versteht, intendiert Zukünftiges; er stellt Entwicklungsmöglichkeiten in Aussicht, schließt produktive Veränderungen ein:

„Wenn man den Menschen liebt", so notiert Brecht an anderer Stelle, „kann man aus seinen beobachteten Verhaltensarten und der Kenntnis seiner Lage solche Verhaltensarten für ihn ableiten, die für ihn gut sind. Man kann dies ebenso wie er selber. Aus den vermutlichen Verhaltensarten werden so wünschbare. Zu der Lage, die sein Verhalten bestimmt, zählt sich plötzlich der Beobachter selber. Der Beobachter muß also dem Beobachteten ein gutes Bildnis schenken, das er von ihm gemacht hat. Er kann Verhaltensarten einfügen, die der andere selber gar nicht fände, diese zugeschobenen Verhaltensarten bleiben aber keine Illu-

---

(3) Max Frisch: Tagebuch 1946–1949. Suhrkamp, Frankfurt a.M. 1976, S. 31.

sion des Beobachters; sie werden zu Wirklichkeiten: Das Bildnis ist produktiv geworden, es kann den Abgebildeten verändern, es enthält (ausführbare) Vorschläge. Solch ein Bildnis machen heißt Lieben."[4]

Freilich, und das soll nicht übersehen werden, ist Keuners Position nicht ganz frei von Einseitigkeit. Seine Antwort beleuchtet nur die eine Seite der Beziehung. Wie der / die Geliebte seinerseits / ihrerseits auf die Projektionen des Liebenden reagiert, wie er / sie sich mit ihnen auseinandersetzt und seinerseits / ihrerseits Entwürfe produziert, wie es überhaupt zu einem produktiven kommunikativen Miteinander kommen kann, spart Keuner aus. Seine Position wird nur verständlich, wenn schon eine enge und vertraute Beziehung zwischen ihm und dem / der Geliebten vorausgesetzt wird. „Wenn diese Beziehung besteht, dann heißt 'Entwurf machen', daß diese Beziehung nicht als fertige, sondern als sich entwickelnde gedacht ist: nicht nur auf den Menschen, wie er *ist*, bezieht sich die Liebe, sondern auf den Menschen, der er noch werden kann" (Knopf: Die deutsche Kalendergeschichte, S. 281). Hier ist also der Leser gefordert, den Denkanstoß Keuners anzunehmen und weiterzuentwickeln. Mögliche Markierungspunkte für solche Reflexionsarbeit hat Brecht selbst in einer anderen Keuner-Geschichte festgelegt. „Liebe", so sagt er in dem Text „Liebe zu wem?", „ist die Kunst, etwas zu produzieren mit den Fähigkeiten des andern. Dazu braucht man von dem andern Achtung und Zuneigung" (Brecht: Gesammelte Werke, Band 12, S. 407).

Auf der Grundlage der drei Interpretationen kann ein erstes Resümee formuliert werden. In vergleichender Betrachtung lassen sich schon einzelne grundlegende strukturelle Gemeinsamkeiten der Keuner-Geschichten im Unterricht herausarbeiten. Kennzeichnend für die drei Geschichten ist die Rede- oder Dialogform. In Gesprächssituationen werden jeweils Behauptungen aufgestellt und Meinungen vertreten. Durch sie fühlt sich Keuner provoziert, auf sie reagiert er, mit ihnen setzt er sich auseinander. Nicht zuletzt dominiert er — wie im zweiten Fall — aufgrund seines großen Redeanteils; entscheidend bleibt auch, daß er in den von uns untersuchten Geschichten das letzte Wort behält. Das bedeutet allerdings nicht, daß sich dieses auch zu einer bündigen Lehre oder griffigen Sentenz kondensieren läßt. Keuner liefert keine fertigen Ergebnisse, sozusagen Einsichten überzeitlicher Geltung. Im Gegenteil, seine Antworten und Reaktionen sind nicht immer eingängig. Über sie kann man, ja soll man streiten. Er ist keineswegs unfehlbar, auch wenn man ihm als „Denkenden" Autorität zugesteht und er in den Dialogen souverän seine Sachkompetenz und Argumentationskraft beweist. Seine Weisheit beruht auch nicht auf Seelenruhe oder Zurückgezogenheit; er hat sich auf die Bedingungen der Lebenswelt eingelassen, ist selbst gestisch in sie involviert. Wenn er z.B. erbleicht, zeigt er sich verunsichert, ist er sich durchaus eines (historischen) Defizites bewußt. Die den großen Weisheitslehrern häufig eignende kritisch-skeptische Haltung führt bei ihm nicht zur Urteilsenthaltung, zur Indifferenz und Resignation. Gerade der Skepsis gewinnt er produktive, praktische Aspekte ab: Seine Arbeit, so sagt er, bestehe darin, seinen nächsten Irrtum vorzubereiten (vgl. Brecht: Gesammelte Werke, Band 12, S. 377). Auch hier wird deutlich: Keuner lenkt die Aufmerksamkeit des Lesers nicht auf das Resultat, sondern den Gestus seines Denkens. Und dieser entspringt, das wird noch plausibler in anderen Keuner-Geschichten, bestimmten sozialen Situationen, in die, sie mögen noch so alltäglich und unscheinbar sein, konkrete historische Voraussetzungen eingegangen sind.

---

(4) Bertolt Brecht: Gesammelte Werke. Band 20. Suhrkamp, Frankfurt a.M. 1967, S. 169 f.

4.4 ,Maßnahmen gegen die Gewalt' oder die Kunst, die Wahrheit zu sagen

Der Text ,Maßnahmen gegen die Gewalt' ist eine der umfangreichsten, kompliziertesten und zugleich eine der umstrittensten Keuner-Geschichten. Er hat Forschung und Lehre zu vielfältigen kontroversen Interpretationen herausgefordert. Diese resultieren nicht in erster Linie aus der poetischen Komposition der Geschichte. Problematisiert wird vielmehr die ungewöhnliche Haltung, die Keuner in ihr artikuliert, und der Modus ihrer Legitimation.

Die Geschichte soll in einem ersten Zugriff vom Titel erschlossen werden. Dabei ist es wichtig, diesen zunächst losgelöst, also ohne Kenntnis des folgenden Textes, auf die Erwartungen hin zu befragen, die er auslöst. Unter Maßnahmen gegen die Gewalt wird man vermutlich konkrete, organisierte Aktionen verstehen, die gegen unrechtmäßige Herrschaft opponieren, diese schwächen oder gar brechen wollen. Solche Rezeption orientiert sich vornehmlich an einem Handlungsbegriff, der um die Bedeutung von Tun zentriert ist. Daß Handlung auch als Unterlassung definiert sein kann, wird ihr wahrscheinlich in diesem Zusammenhang nicht bewußt, ja kann ihr nicht bewußt werden, weil ihr ein erfolgreiches Widerstehen der Gewalt nur als Tun denkbar erscheint.

Bei der Keuner-Geschichte handelt es um eine Rahmengeschichte; in deren Rahmen ist eine weitere parabelhafte Erzählung als Binnengeschichte integriert, die narrativ einen ähnlichen Fall vorstellt, gleichsam also als Exempel für die im Rahmen entfaltete Problemlösung fungieren soll. Der Rahmengeschichte können wir konkrete Informationen über die Keuner-Gestalt entnehmen. Sie ist hier nicht mehr nur abstrakt durch die exemplarische Gestik charakterisiert, die sie in einer ebenso allgemeinen Situation zeigt. An dieser Stelle gewinnt sie festere Konturen: Keuner tritt zunächst als politischer Redner auf und agitiert gegen die politische Herrschaft. Zum anderen erscheint er als Lehrer, der sich den konkreten Fragen seiner Schüler stellt. Diese fordern unnachgiebig von ihm Rechenschaft darüber, weshalb er sich in der konkreten Konfrontation mit der ihn bedrohenden Gewalt selbst verleugnet, also seine oppositionelle Gesinnung vollständig preisgegeben habe. Keuners Antwort auf ihre Kritik gibt sich lehrhaft, sentenziös. Sie zielt auf eine Handlungsmaxime, die sich weder auf eine Gesinnungs- noch eine Verantwortungsethik verpflichten lassen will. Sie definiert sich allein aus den Bedingungen der jeweiligen sozialen Situation. Und diese, so setzt Keuner voraus, können sich verändern und damit ein strenges Handlungskonzept ad absurdum führen. Entsprechend solchen Vorgaben pocht er zunächst einmal – entgegen den Auffassungen derjenigen, die ihm vorwerfen, er habe kein Rückgrat bewiesen und seine Gesinnung verraten – auf eine Art physischer Überlebenslogik: „Ich habe kein Rückgrat zum Zerschlagen. Gerade ich muß länger leben als die Gewalt" (Editionen, S. 81, Z. 11 f.).

Eine solche Lehre muß ein idealistisches Denken provozieren, das sein Praxisverständnis durch einen abstrakten Rekurs auf apriorische Bedingungen praktischer Vernunft, etwa im Sinne der rigoristischen Moralphilosophie Kants, begründen will. Keuner macht das elementare Bedürfnis, in einer Situation der Gewalt überleben zu wollen, zur Triebfeder seiner Handlung. Seine Maxime lautet: Der Denkende soll die Gewalt nicht bekämpfen, sondern überleben; besser die Selbstverleugnung als der Tod. Diese Lehre kann freilich nur der nachvollziehen, der die Geltung von Wahrheit nicht abstrakt, sozusagen in reiner Form, erweisen will, sondern diese immer schon aus konkreten Situationen herleitet, in denen es bestimmte Interessen und Ziele zu realisieren gilt. Keuner hat einen historischen Begriff von Wahrheit. Dem zugeordnet ist, wir kommen darauf zurück, ein gestisches Verständnis von Weisheit. Sie „ist eine Folge der Haltung", so sagt Keuner in einem anderen Zusammenhang bündig.

Zur Verdeutlichung und Rechtfertigung seiner Verhaltensweisen erzählt Keuner die Geschichte von Herrn Egge. Diese, sozusagen eine Parabel in der Parabel, entwickelt narrativ einen vergleichbaren Fall: Ähnlich sind beide Geschichten in den Haltungen der jeweiligen

Hauptfiguren. Beide, Herr Keuner wie auch Herr Egge, wollen die Gewalt durchs Überleben überlisten. Herr Egge, der es gelernt hat, nein zu sagen, solange die Gewalt herrscht, sagt das Wort erst, als die Gewalt, der Agent, tot ist. Dennoch, die Unterschiede zwischen beiden sind, genauer betrachtet, unverkennbar: Herr Egge verleugnet sich in seinem Handlungs- bereich; er dient dem Agenten. Er kompromittiert sich freilich — im Gegensatz zu Keuner — nicht durchs Wort; erst nachdem die Situation für ihn kein Risiko mehr birgt, sagt er: „Nein".

Zwischen Gesinnung und Tat, zwischen Theorie und Praxis besteht also eine scharfe Diskre- panz. Dabei fällt auf, in welch akribischer Weise Brecht die fast schmierig anmutende Bot- mäßigkeit des Herrn Egge darstellt. Dessen Dienstbeflissenheit geht sogar so weit, daß er weitaus mehr tut, als die Überlebensmaxime fordert. So vertreibt er die störenden Fliegen, bewacht den Schlaf des Agenten. Hier gewinnt die Binnengeschichte fast irreale Züge. Dies ist allerdings von Brecht beabsichtigt. Er unterstreicht den fiktiven Charakter des Exemplums dadurch, daß er ihm einen märchenhaften Zeitrahmen gibt. Herr Egge dient dem Agenten sieben Jahre. Dieser Zeitraum ist von magischer Qualität, wirkt Wunder, entlarvt die Ohn- macht der Macht. Der Agent wird dick und unbeholfen. Die List des Märchens erweist sich am Ende auch als die List praktischer Vernunft, die sich mit dem erlösenden Zauberwort auch des Bannes der Macht entledigt.

Könnte man die Haltung des Herrn Egge, des gelernten Neinsagers, bei aller äußeren Servi- lität, die er zeigt, zunächst noch als Widerstand durch Schweigen kennzeichnen, so scheint die Reaktion des Herrn Keuner bloße Affirmation bestehender Gewalt zu sein. Er scheint hier eine Lektion für Opportunismus und Duckmäuserei geben zu wollen. Er kompromit- tiert seine Identität auch noch durchs Wort, entzieht sich der Sanktion durch die Gewalt, indem er ihr vorgeblich das Wort redet. Dennoch, seine Situation erweist sich gegenüber der Lage Egges ungleich prekärer und exponierter. Unmittelbar wird er mit der Gewalt konfron- tiert, die gerade aufgrund ihrer Anonymität und Abstraktheit — sie wird bezeichnenderweise in allegorisierter Gestalt eingeführt — sehr viel bedrohlicher wirkt als der seine Legitimation vorzeigende Agent: Je protziger dieser „in der Zeit der Illegalität" seine Allmacht zur Schau trägt, je fordernder er auftritt, desto täppischer und trotteliger wirkt er. Ganz anders die Gewalt in der Rahmengeschichte: Sie scheint allgegenwärtig, kontrolliert die Öffentlichkeit (Saal), treibt die Leute in die Flucht, überfällt Keuner. Ihm wird weder die Zeit des Abwar- tens noch die des Schweigens zugestanden. Um so plausibler erweist sich seine Reaktion. Sie erteilt dem Heroismus und Märtyrertum in Tat und Wort eine Absage, macht deren Sinn- losigkeit deutlich.

Der Vergleich zeigt, daß es problematisch ist, die Egge-Geschichte nur als Illustration der Keuner-Geschichte zu begreifen. Diese Gleichung geht nicht auf, da, wie gezeigt wurde, die Verhaltensweisen der Figuren und der Umstände, unter denen sie agieren, zu unterschiedlich sind. Die Geschichte von Herrn Egge klärt das Problem Keuners nicht, sondern schafft nur neue Verstehensschwierigkeiten. Beide Geschichten bieten freilich unterschiedliche Möglich- keiten an, auf die Gewalt zu reagieren. Zweifellos sind diese nicht als fertige Ergebnisse zu notieren und als plane Anweisungen zu lesen. Die Leser sind keine Schüler von Herrn Keu- ner. Brecht gibt ihnen auch keinen Rat. Beide Geschichten bleiben offen. Er überträgt ihnen die Last des Denkens und Wägens, beide Geschichten zueinander in Beziehung zu setzen und die in ihnen entwickelten Verhaltensmodelle kritisch zu prüfen. Sie sind gefordert, „die Fälle Keuner und Egge entweder als notwendige, vernünftige, nachahmenswerte Maxime hinzunehmen oder sie als zunächst plausible, dann aber doch recht zweifelhafte, irritierende Verhaltensmuster zu bedenken" (Preisendanz, S. 565). Insbesondere die zweite Lesart der beiden Geschichten, die das Unterlassen der Maßnahmen gegen die Gewaltherrschaft zumin- dest für suspekt hält, bietet der Diskussion genügend Raum. Am Ende bleiben Fragen: Ist das Verhalten des Herrn Egge nicht doch feiges Ducken? Ist der Erfolg seiner „Maßnahmen" nicht auf bloßen Zufall ausgerichtet? Ist die märchenhafte Egge-Geschichte als Exempel einer Legitimation Keuners nicht zu billig? Sicherlich, der märchenhafte Schluß setzt Herrn Egges Taktik nachträglich ins Recht. Aber wer mag behaupten, daß ein zähes Warten Keuners auch eine Bürgschaft für ein erfolgreiches Überleben der Gewalt ist? Die Geschichte, nicht zuletzt die der jüngsten Vergangenheit, hat dieses nur zu oft widerlegt.

4.5 ‚Weise am Weisen ist die Haltung' oder unfruchtbares Philosophieren

Daß Verfremdung in den Keuner-Geschichten nicht Verdunklung, Verrätselung, Verhüllung intendiert, sondern erhellen, enträtseln, enthüllen will, daß sie zum Verstehen, Erkennen und zur Kritik ermuntern will, zeigt vielleicht jene Geschichte am deutlichsten, die eine der frühesten darstellt und die Edition der Keuner-Geschichten in der Werkausgabe bei Suhrkamp einleitet: ‚Weise am Weisen ist die Haltung' (Editionen, S. 79). Sie kann als Modell für die anderen Texte der Sammlung bezeichnet werden. In ihrer Auseinandersetzung mit dem weltfremden Philosophen, dem Prototyp des Tui, entwickelt sie programmatisch die soziale Kategorie, die die Konstellationen, Gespräche und Begegnungen der Figuren in den anderen Geschichten prägt: die Haltung. Auf deren Bedeutung verweist schon der apodiktisch formulierte Titelsatz der Geschichte, und auf sie als Beurteilungskriterium rekurriert das Verdikt K.s über den Philosophen.

Der erste Satz des Textes exponiert die Haltung des Gesprächspartners von K.: Der Philosophieprofessor erzählt ihm von seiner Weisheit. Dabei wirkt er aufdringlich, eingebildet und kokett. Für ihn ist die Weisheit nicht etwas, was sich in der Haltung bestimmten Situationen gegenüber zeigt, sich im aktuellen Vollzug von Handlungen praktisch bewährt, sondern etwas, worüber man verfügt; für ihn ist sie letztlich also nichts anderes als ein festes, abgeschlossenes Arsenal an Erkenntnissen und Merksätzen. Er ist professioneller Philosoph. Ganz in diesem Sinne verhält er sich: Er monologisiert, wähnt sich im Besitz der Weisheit.

Mit seiner egozentrischen Redseligkeit kontrastiert die überlegene und überlegte Haltung K.s. Während der Professor selbstgefällig seine Weisheit zur Schau stellt, ohne doch mit seinem Gegenüber zu kommunizieren oder überhaupt mit ihm kommunizieren zu wollen, ist K. ihm ganz zugewandt. Er beobachtet ihn genau, hört ihm für eine Weile konzentriert zu. Erst dann antwortet er.

Sein Urteil über ihn ist vernichtend; trocken und treffend – die strukturell auf das Minimum reduzierten drei parallel gefügten Hauptsätze spiegeln dies wider – konstatiert er das Ergebnis seiner Beobachtungen. Seine knappe Replik entzaubert schlagartig das eitle Auftreten des Philosophieprofessors. Jeder der drei Sätze trifft eine andere Erscheinungsform von ihm, und doch gelangen sie alle drei zu dem gleichen Resultat: Die Haltung des Philosophieprofessors ist „unbequem".

Folgerichtig geht Keuner von einer Beobachtung von dessen äußerer Erscheinung aus: Der Philosophieprofessor „sitzt unbequem". Die verspannte körperliche Haltung ist für Keuner sichtbares Zeichen dafür, daß der Professor sich nicht in die Praxis der alltäglichen Dinge einzuleben versteht. Genauso überstrapaziert und verkrampft ist für ihn das Sprechen seines Gegenübers. Es ist weder in seiner Begrifflichkeit nachvollziehbar noch an der Realität orientiert. Es bleibt ohne kommunikative Bindung, ist letztlich Reflex eines Denkens, das sich verselbständigt hat. Ihm geht es nicht um die Erklärung gesellschaftlicher Praxis, geschweige denn darum, Modelle für deren Veränderung zu entwickeln. Um es pointiert mit Brecht

selbst zu sagen: Aus den Begriffen, die er verwendet, ergeben sich keine Griffe für die zweck-
mäßige Gestaltung von Realität.

Die Polemik Keuners zielt mithin auf die Praxisblindheit des Gelehrten, die sich in seiner
„unbequemen" Haltung äußert; sie fordert ihn dazu auf, daß er sich ihrer bewußt werde.
Aber dieses Ansinnen weist der Philosophieprofessor zornig von sich. Er flüchtet in einen
Scheinobjektivismus, insistiert darauf, etwas über den Inhalt dessen, was er sagte, zu erfahren. Gerade diese Forderung nach Inhalten überführt Keuner der Inhaltslosigkeit. Die Rede
des Gelehrten entbehrt für ihn deshalb der Inhalte, weil sie nicht vom Naheliegenden ausgeht, weil sie frei von Realitäts- und Menschenkenntnis ist. Ein zweites Mal zeigt er dies an
der Haltung des Professors auf. Wiederum ist seine Absage ganz an der Empirie des Alltags
orientiert. Dreimal gebraucht er in seiner Antwort das Wort „sehen". Das Verhalten des
Gelehrten ist „täppisch", zerstreut; er ist eben mit dem Umgang der Dinge nicht vertraut.
Sein Denken hat sich von der Realität gelöst und sich im praxisfernen Raum, in der Akade-
mie oder im Elfenbeinturm, etabliert. Inhalt könnte es nur dann gewinnen, wenn es aus einer
sach- und zielgerechten Haltung, einem realistischen Verhalten resultiert. Gerade aber das
läßt der Gelehrte vermissen. So wie sein Verhalten in der Praxis sich nicht bewährt, besitzt
auch seine Sprache keine Realitätsbindung. Weder erklärt sie, noch klärt sie auf; sie ist dunkel und rätselhaft. Geradezu brüsk ist der Schlußsatz der Rede Keuners. Mit ihm bekundet er
sein Desinteresse an den Ausführungen und Zielen des Philosophieprofessors.

Implizit charakterisiert sich Keuner selbst in der Geschichte durch die Art seines Auftretens,
durch seine Haltung. Mit seiner Kritik an der akademischen Philosophie knüpft er an ein
vorwissenschaftliches Philosophieren an, das, um nur zwei Namen zu nennen, vielleicht
weniger durch die Gestalt des Sokrates als vielmehr durch den Kyniker Diogenes geprägt ist.
Weisheit ist für Diogenes keine Gelehrsamkeit, wie sie in Büchern steht; sie verwirklicht sich
allein in Lebensformen. Genauso deutet Keuner sie. Sie stellt kein verbindliches System an
Normen und Lehren dar, welche dem Leben abstrakt gegenüberstehen, sondern resultiert
aus einer Haltung, die sich immer schon auf die sich verändernden Bedingungen gesellschaftlicher Praxis einstellt, ihnen neue Aspekte abgewinnt, sie nach Maßgabe in Frage stellt oder
gar selbst Denkimpulse für deren Veränderung vermittelt. Eine solche Haltung ist eine dialektische; sie zeigt an der Wirklichkeit jene Widersprüche auf, die ein Eingreifen erfordern:
„Man kann die Dinge erkennen", so hat Brecht selbst aphoristisch formuliert, „indem man
sie ändert."[5]

---

(5) Bertolt Brecht: Gesammelte Werke; 20. Schriften zur Politik und Gesellschaft, Suhrkamp, Frankfurt
a.M. 1967, S. 172.

5 Kunerts Parabeln

5.1 Kunerts Verhältnis zu Brecht und Kafka

Der DDR-Schriftsteller Günter Kunert, der seit 1979 in der Bundesrepublik Deutschland lebt, ist wie Enzensberger, Rühmkorf, Lettau u.a. literarischer Repräsentant einer Generation „mit einer staatlich verpfuschten Kindheit". Wie jene Autoren (Jahrgang 1929) begann auch er Anfang der fünfziger Jahre mit seiner schriftstellerischen Tätigkeit; wie bei jenen wurde auch sein literarisches Werk durch die historischen Erfahrungen unter der Gewaltherrschaft des Hitler-Regimes bestimmt. Wegen seiner Herkunft — die Mutter war Jüdin — hatte er unter den Diskriminierungen der Nationalsozialisten zu leiden. Deshalb kann er den Krieg, die Zerstörung, die Verfolgung, den organisierten Mord nicht vergessen.

Genese und Wirkung des literarischen Werks von Kunert sind vor dem Hintergrund der gesellschaftspolitischen Bedingungen der Entwicklung einer sozialistischen Gesellschaftsordnung in der DDR zu sehen. Die literarische Tätigkeit des Autors ist dabei nicht verallgemeinernde Widerspiegelung der gesellschaftspolitischen Prozesse und Wandlungen in der DDR seit 1945, sondern vielmehr Ausdruck seines individuellen Standortes in ihnen. Sein Motiv zu schreiben ist persönlich-biografisch bedingt, aber dennoch nicht als ein bloß privates zu sehen. Er begreift sich und sein Werk als gesellschaftliche Paradigmen.

Der Autor erfährt die gesellschaftliche Realität in ihrem jeweiligen historischen Gewordensein als Widerstand. Es geht ihm darum, deren Probleme, Widersprüche dialektisch zu entfalten und kritisch auszutragen. Dabei konkretisiert sich die Dialektik in vielfältigen ästhetischen Prozessen: Seine Texte zeigen die Wirklichkeit in punktuellen Aufblendungen und dunkeln sie genauso unvermittelt wieder ab. Sie oszillieren zwischen Eigentlichem und Uneigentlichem, zwischen Darstellung und Reflexion. Aus solchen Schwankungen beziehen sie ihre Spannungen: Ironie, Satire, schwarzer Humor sind die Haltungen, in denen Kunert die kritische Aufarbeitung von Realität nachhaltig zu verwirklichen vermag. Sie manifestieren sich hauptsächlich in den literarischen Formen des Epigramms, des Lehrgedichtes, der Parabel, des Denkbildes, der Groteske. In ihnen kann sich das dialektische Verfahren am sinnfälligsten objektivieren.

Die literarische Entwicklung von Kunert steht unter dem Einfluß Brechts und Kafkas. Im Hinblick auf beide Autoren lassen sich deutlich zwei Phasen der Werkgeschichte herausarbeiten. Für die erste Phase der literarischen Tätigkeit (etwa bis Mitte der 60er Jahre) ist Brecht als geistiger Ziehvater Kunerts anzusehen. Diesem legt er nicht nur Anfang der 50er Jahre seine ersten lyrischen Versuche zur Beurteilung vor; in ihm findet er auch einen Förderer und Gewährsmann; von ihm übernimmt er ästhetische Techniken. In den Lehrgedichten und Epigrammen Brechts erkennt er das Verfahren der Dialektik und findet die aus ihm entspringenden kritischen und aufklärerischen Impulse paradigmatisch entwickelt. In diesem Wirkungs- und Funktionszusammenhang steht nicht nur seine frühe parabolisch gestaltete Lyrik, sondern auch die in den 60er Jahren geschriebene Kurzprosa. Seine Parabeln und Gleichnisse übernehmen und vertiefen die didaktische Tendenz der frühen Lyrik.

Zweifel und Veränderung sind auch die Haltungen, die Kunerts Parabeln wirkungsgeschichtlich an die Keuner-Geschichten rückbinden. Charakteristische ästhetische Merkmale der Parabeln Kunerts sind ihr Lapidarstil, ihr dialektischer Aufbau, die Paradoxie, die groteske Zuspitzung und der häufig sentenzhafte oder aphoristische Schluß. Sie vermögen blitzartig einen Sachverhalt oder ein Problem zu erhellen. Die paradoxe Verfremdung setzt häufig in einer knapp dargestellten realistischen Szenerie an, so daß das Vertraute und das Gewohnte plötzlich unheimlich werden, Ansichten sich enthüllen, die bislang verdrängt waren. Vorzugsweise entlarvt Kunert die sich in bestimmten Märchen, Mythen, Legenden und historiographischen Darstellungen äußernde Verbrämung und Ontologisierung von sozialen und historischen Prozessen.

Etwa Mitte der 60er Jahre geht Kunert vorsichtig zu Brecht auf Distanz. In dem Maße, wie er sich gedanklich und ästhetisch von Brecht entfernt, wendet er sich Kafka zu. Solcher Ablösungsprozeß geht einher mit der zunehmend lauter werdenden offiziellen Kritik an Kunerts literarischen Produktionen, die auch vor der Darstellung von Widersprüchen im Sozialismus nicht zurückscheuen. „Ich frage den Genossen Kunert“, so polemisiert etwa der einflußreiche Kulturfunktionär Alexander Abusch im Politbüro der SED gegen den Autor, „der sich das sehr genau überlegen sollte und damit sicherlich vor die größte geistige Entscheidung seines Lebens gestellt ist, nämlich zurückzukehren aus den hoffnungslosen grauen Gefilden von Kafka und Benn in die lebensstarke Welt des umfassenden Aufbaus des Sozialismus“ (zitiert nach Jonsson, S. 71).

Der Vorwurf gegen Kunert, mit Kafka im Bunde zu stehen, war in dieser Zeit gleichbedeutend mit dem Vorwurf der Dekadenz, hatte doch der Autor 1963 in seinem Gedicht ‚Interfragmentarium‘, das Kafka gewidmet ist und sich auf dessen Erzählung ‚Die Verwandlung‘ bezieht, auch auf das latente Gewaltpotential der sozialistischen Gesellschaft angespielt.

Die Annäherung an Kafka läßt sich vielfältig im epischen Werk Kunerts entdecken. Neben den kurzen Prosaformen, den Bildbeschreibungen, Porträts, Parabeln und Satiren, finden sich jetzt häufiger Texte, in denen die erzählerische Komponente stärker ausgebildet ist, deren Wort- und Bildwelt eine größere Eigendynamik entwickeln, ohne dabei den Bezug zur Realität und zur Gegenwart völlig aufzugeben. In diesen Kurzgeschichten dominieren groteske und surreale Stilzüge, Paradoxien und kühne Metaphern: Die Wirklichkeit wird traumhaft und traumatisch erfahren, verrätselt sich, wird zur Groteske, zum Geheimnis, das dennoch häufig im Realitätskontext der Geschichte aufgelöst werden kann.

In der Gegenwart scheint die wirkungsgeschichtliche Umpolung der beiden Autoren durch Kunert vollzogen zu sein. Im Werke Brechts entdeckt er nun Anachronismen, eine heimliche Autoritätsfixierung; in Kafkas Geschichten sieht er überdimensionale Metaphern, deren suggestiver Gewalt er sich nicht entziehen kann, deren Dechiffrierung er für notwendig hält, ohne daß er sich dazu imstande fühlt.

Vor diesem wirkungsgeschichtlichen Hintergrund sind die Prosastücke zu begreifen, die im folgenden interpretiert werden sollen. In ihnen lassen sich gleichzeitig Einflüsse Brechts und Kafkas erkennen. Der Autor hat die Impulse, die von beiden ausgingen, einem Prinzip untergeordnet, nämlich in der Literatur die Dinge selbst sprechen zu lassen. „Dies wiederum“, so sagt er, „geschieht auf zweierlei Art. Einmal sind sie Anlaß, tatsächlicher *Gegenstand* betrachtender Überlegung und enthüllen somit ihren gesellschaftlichen Charakter; ein anderes Mal sind sie gleichberechtigte Mitakteure und literartechnische Hilfskräfte, die im erzählenden Text menschliche Aktion sichtbar machen, indem sie sie reflektieren, spiegeln. Diese beiden Funktionen des Gegenstandes sind das dialektische Wesen der Dinge selbst. Wie das Licht zugleich Welle und Korpuskel ist, so ist der Gegenstand Objekt und Subjekt in einem.“[6]

---

(6) Günter Kunert: Warum schreiben? Notizen über Literatur. Hanser, München 1976, S. 232.

5.2 ‚Das Bild der Schlacht am Isonzo' oder die Verfälschung ästhetischer Wahrheit

Anknüpfend an Brechts Behauptung, daß der Versuch, Wirklichkeit zu erkennen, Wahrheit zu finden, immer schon aus bestimmten Haltungen entspringt, mit bestimmten Interessen verbunden ist, soll in einem ersten Zugriff jene Geschichte von Kunert interpretiert werden, in der das Verhältnis von Erkenntnis und historischer Wirklichkeit am sinnfälligsten gestaltet ist: ‚Das Bild der Schlacht am Isonzo' (Editionen, S. 90 f.). Inhaltliche Grundlage für den Autor, so signalisiert der Titel, ist der Krieg. Der Text ist eine literarische Reminiszenz an jene Materialschlachten des Ersten Weltkrieges, von denen auch mehrere am Isonzo stattfanden. Allerdings geht es dem Verfasser nicht unmittelbar um eine Darstellung der Kriegsereignisse und deren Auswirkungen. Sein Medium ist ein Maler, der an der Schlacht teilgenommen und von diesem Ereignis ein Gemälde angefertigt hat. Damit ist klar, daß Kunert nicht in naturalistischer Weise ein Abbild der Schlacht geben will. Der Künstler selbst ist auch kein Historienmaler; er stellt nicht dar, wie es wirklich gewesen ist, sondern er gestaltet das Bild des Ereignisses so, wie er es gesehen hat. Seine Sicht- und Darstellungsweise sind nicht die des Historiographen, der bemüht ist, die Voraussetzungen und den Verlauf der Geschehnisse sowie deren Konsequenzen in einen größeren historischen Rahmen einzuordnen und zu gewichten. Während dieser dürre Daten und trockene Fakten bringt, das geschichtliche Ereignis und seine Ergebnisse rekonstruiert, will jener Anschauung geben, sich noch einmal ein Bild von der Schlacht machen, wie er sie wahrgenommen hat. Eine solche Sichtweise impliziert gerade das, was der Historiograph vermeiden soll: Subjektivität, Parteilichkeit, unter Umständen Übertreibung und Zuspitzung. Unter diesen Voraussetzungen kann der Maler ein neues, vielleicht subversives Bild von der Geschichte schaffen, das den Darstellungen der offiziellen Geschichtsschreibung widerstreitet, und unter Umständen auf einige Fragen des lesenden Arbeiters aus dem vielzitierten gleichnamigen Brecht-Gedicht eine Antwort geben.

Nach der knappen Exposition, die den Bezugspunkt des Darstellers umreißt, schildert Kunert detailliert das Schlachtfeld. Offensichtlich ist dessen Dreiteilung: in Vordergrund, mittleren Bereich und Hintergrund. Mit den den einzelnen Bildbereichen zugeordneten Inhalten opponiert der Maler gegen die Verfahrensweisen des herkömmlichen Geschichtsschreibers. Die Schlacht wird im Bild gleichsam von unten nach oben, von vorn nach hinten buchstabiert. So zeigt der Vordergrund des Bildes das, was die Geschichtsschreibung häufig unterschlägt: Während die letztere nur nach den wirkungsmächtigen Tätern fragt, kennt der Maler nur Opfer; derweil diese häufig nur die Sieger kennt, sieht der Maler auf beiden Seiten Verlierer. Dargestellt in immer neuen Situationen werden das unsägliche Leiden und Sterben der vielen Namenlosen. Drastisch gezeigt werden die Sterbenden, deren Leiber zerfetzt und aufgerissen sind; grauenvolles Ergebnis der Schlacht sind die Leichen, die weder Individualität noch Körper haben, sondern durch Pferde und Tanks zu einem blutigen Brei zermahlen worden sind. Wahrhaftig ein Bild des Entsetzens! Die Realität der Geschichte hat groteske Züge angenommen.

Auf der mittleren Bildebene wird die Situation des Kampfes, das Aufeinanderprallen der gegnerischen Heere, dargestellt; auch hier wird kein Unterschied zwischen Freund und Feind gemacht. Im Gegenteil, herausgehoben wird das, was ihnen als Soldaten gemeinsam ist: die besudelten Uniformen und die angstverzerrten Gesichter. Auch hier erscheint der Mensch als Masse, getrieben und geknechtet. Von ihrer Angst und ihrem Schrecken ist in den Darstellungen der Geschichtsschreiber nicht die Rede; ihr Tod wird in ihnen nur in abstrakten Verlustziffern bilanziert.

Den Hintergrund bilden diejenigen, die in der Historiographie als die wirkungsmächtigen

Täter in den Schlachten dargestellt werden, deren Namen später in die Geschichtsbücher eingehen. Auch hier sind sie Täter, aber nicht in dem Sinne, wie man sie kennt. Kunert charakterisiert sie, indem er die Ambivalenz des Wortes Hintergrund nutzt: Sie halten sich nicht nur im Hintergrund auf, ihre Handlungen sind auch hintergründig. Die Offiziere, die ihre Untergebenen in die Schlacht geschickt haben, kämpfen selbst nicht. Unterhalb des Befehlsstandes, also am sicheren Ort, sind sie dabei „Weiber zu schwängern, Kognak zu saufen und die Ausrüstung ganzer Kompanien für gutes Geld zu verhökern" (S. 90, Z. 29 ff.). Unbeeindruckt von dem schrecklichen Gemetzel, gehen sie allein ihren persönlichen trieb- gebundenen Interessen nach. Für sie ist der Krieg offensichtlich nichts anderes als die Fort- setzung des Geschäftes mit anderen Mitteln. Durch diesen Hintergrund erhalten die beiden anderen Bildteile ihre Bedeutung. Losgelöst von ihm, konnten die Darstellungen im Vorder- grund und in der Bildmitte noch immer im Sinne einer wenngleich anfechtbaren Heroisie- rung des Geschehens gesehen werden. Nun kontrastieren sie grell mit dem Hintergrund, er- halten durch solchen zynischen Widerspruch ihr sozialkritisches Profil. Derweil die Offiziere beider Seiten ungehemmt ihren Bedürfnissen frönen, müssen die einfachen Soldaten im Kampf sterben. Im Krieg hat der kleine Mann, in dieser Hinsicht beantwortet das Bild der Schlacht zumindest eine Frage des lesenden Arbeiters von Brecht, immer die Spesen zu zahlen. Er fungiert als Objekt der Verdienstmöglichkeiten seiner Führer. Dafür läßt er sich zum Krüppel schießen, dafür muß er gar sein Leben lassen. So ist er in jedem Fall der Verlierer.

Vor diesem Bedeutungshorizont erschließt sich die Komposition des Gemäldes. Es intendiert die Totale und zielt auf Verallgemeinerung. Insofern ist es selbst parabolisch. Es ist ein Bild, das durch den provozierenden Kontrast den Betrachter zum Nachdenken darüber zwingt, worum es im Krieg eigentlich geht. Es ist ein Denkbild, das trotz oder gerade wegen seiner Subjektivität Wahrheit anstrebt.

Der Anspruch auf Wahrheit wird ihm allerdings von einem ehemaligen General geradewegs bestritten, der es wohl nach dem Krieg im Atelier des Malers entdeckt. Entlarvend ist seine Reaktion auf dieses: Er erschrickt vor dem Gemälde, bezeichnet es als verlogen. Er hat ein anderes Bild der Schlacht im Kopf. Dieses findet er in einem Detail des Gemäldes bestätigt. Es zeigt hinter dem zerschmetterten Schädel eines Toten einen kleinen Trommler, der sin- gend und mit kühn verschobenem Helm ins Gefecht zieht. Er kauft den Bildausschnitt und läßt ihn einrahmen. Damit wird nicht nur die Totalität des Bildes zerstört, sondern die aus seiner Dialektik resultierende Wahrheit verfälscht. Der Teil steht hier nicht mehr für das Ganze. Aus dem Kontext gerissen, trägt er seine eigene Botschaft. Diese verbiegt die ge- schichtliche Realität, mystifiziert und monumentalisiert sie: „Die Ideologie, die im singen- den Trommler manifest wurde, verselbständigt sich; der Charakter des Krieges wandelt sich zu einer Art Bewährung männlicher Tugenden; aus einem der Tiefpunkte menschlicher Geschichte wird ein ‚großes‘ Ereignis" (Jonsson, S. 32). Freilich leistet der Maler selbst sol- cher Ideologisierung Vorschub. Durch die Verstümmelung des Gemäldes kompromittiert er nachträglich seine Sicht des Ereignisses, die radikal auf Wahrheit zielte; durch dessen Verkauf prostituiert er sich. So zeigt sich der Widerspruch, der das Geschehen der Schlacht prägte, nochmals in ähnlicher Form auf anderer Ebene. So wie die Soldaten instrumentalisiert wur- den, also nichts anderes als die ökonomische Manövriermasse ihrer Vorgesetzten waren, so wird auch ein Teil seines Werkes zum fremden Objekt, zur fungiblen Ware, der geschichts- klitternden Manipulation preisgegeben. Denn nur die kriegsverherrlichende Ideologie des Trommlers erreicht die Öffentlichkeit. Anhand dieses Reliktes machen sich zukünftige Generationen — darauf verweist der ironisch eingefärbte Schlußsatz des Textes — ihr Bild von der Geschichte.

Mit dem zweiten Teil der Geschichte, der Darstellung der Rahmensituation, etabliert sich eine zweite parabolische Ebene. Wie das Bild in parabolischer Weise die Tapferkeits- und Heldenideale im Krieg und mit ihnen eine monumentalisierende Historie als Ideologeme entlarvte, so wird die Darstellung der rohen Verstümmelung der ästhetischen Ganzheit des Werkes, seines Verkaufes und seiner Verfälschung zur durchsichtigen Parabel der Kompromittierung des Künstlers durch den Markt und der ideologischen Ausbeutung seines Werkes.

5.3 ‚Der Traum des Sisyphos' oder die verweigerte Selbsterkenntnis

Kunert hat nicht nur historische Ereignisse, Bauwerke und Orte als Anlässe für die Gestaltung seiner Denkbilder gewählt, er hat auch mythische Vorlagen verändert und parabolisch gedeutet. Die poetische Beschäftigung mit dem Mythos teilt er mit seinen literarischen Vorbildern Kafka und Brecht. Auch jene haben sich in ihren Geschichten mit Mythen auseinandergesetzt, sie umgearbeitet, deformiert, verfremdet. Nicht zuletzt ihre unterschiedliche Rezeption des Sirenenmotivs aus der Odyssee illustriert diesen engen Zusammenhang. Bevor Kunerts komplizierte Umarbeitung der Sisyphos-Geschichte analysiert wird, ist diese selbst im Unterricht inhaltlich zu rekonstruieren. Dabei ergibt sich folgende Fabel:

„Vielleicht war es, weil er Salmoneus verletzt hatte oder weil er das Geheimnis des Zeus verriet oder weil er immer von Raub gelebt und oft gutgläubige Reisende getötet hatte — während andere wieder sagen, daß es Theseus war, der der Laufbahn des Sisyphos ein Ende setzte, obwohl dies für gewöhnlich nicht als eine seiner Taten erwähnt wird — auf jeden Fall wurde über Sisyphos eine außergewöhnlich harte Strafe verhängt. Die Richter der Toten zeigten ihm einen riesigen Stein — ähnlich dem, in den sich Zeus verwandelt hatte, als er vor Asopos floh — und befahlen ihm, diesen Stein den Hang eines Hügels hinaufzurollen. Oben angekommen, sollte er ihn auf der anderen Seite hinunterrollen lassen. Jedoch ist ihm dies nie gelungen. Wenn er fast den Gipfel erreicht hat, wird das Gewicht des tückischen Steines so groß, daß dieser wieder in das Tal hinabrollt. Von dort holt er ihn müde zurück und muß wieder von vorn anfangen, obwohl er in Schweiß gebadet ist und eine Staubwolke über seinem Haupte hängt."[7]

Es ist bekannt, daß der zu sinnentleerter Arbeit verdammte Sisyphos in der Poesie und Philosophie des 20. Jahrhunderts zum Paradigma für die Sinnlosigkeit des Daseins, zum Sinnbild des Absurden stilisiert wurde. In solchen Rezeptionszusammenhang reiht sich auch die Kunertsche Geschichte ein. Allerdings weicht sie in ihrer Gestaltung entscheidend von anderen Bearbeitungen dieses Mythos ab. Kunerts Text ist eine Traumerzählung. Die Arbeit des Sisyphos ist nicht unmittelbarer Gegenstand der narrativen Gestaltung. Sie wird im Text schon vorausgesetzt. Ermattet von der täglichen Mühsal, auf „brüchiges Stroh hingesunken", träumt Sisyphos davon, „was er täglich tat: Wie er schwitzte und keuchte und fluchte, indem er den unförmigen Fels langsam aufwärts drückte, Richtung Gipfel" (Editionen, S. 91, Z. 11ff.). Der Traum scheint hier nicht zu entlasten, sondern die Anstrengungen des Tages zu verdoppeln. Doch Kunert weist solche Interpretation zunächst als vorläufig zurück. Den Satz Camus', daß Mythen von der Phantasie belebt werden müssen, nimmt Kunert wörtlich. Das, was dem Mythos Anschaulichkeit und Plastizität verleiht und was ihn mit der Welt der Träume vergleichbar macht, die Metamorphose, prägt seine Interpretation. Die für die Realitätserfahrung des Sisyphos maßgebliche kategoriale Trennung von Subjekt und Objekt, von Leben und Tod, schwindet ihm im Traum. So verwandelt sich „unter seinen schmerzenden Händen der rauhe Marmor zu Glätte und endlich zu glatter, weicher Haut, nahm in Lidschlagschnelle Gestalt und Züge an, und unverkennbar die des Sisyphos selber" (S. 91, Z. 15ff.). Der Traum des Sisyphos enthüllt das, was der alte Mythos verweigert: Derweil sich in jenem das Objekt dem handelnden Subjekt immer wieder entzieht und dessen Arbeit als

---

(7) Robert von Ranke-Graves: Griechische Mythologie. Rowohlt, Reinbek bei Hamburg 1969, S. 195f.

etwas Fremdes, als nichtsnutzige Fron erweist, gewinnt der Stein in diesem menschliche Züge und wird lebendig. Er wird unter den Händen des Sisyphos, unter seiner Arbeit, gleichsam aus seinem bloßen Objekt- und Materialsein befreit; er wird geformt, nimmt sensuelle Qualitäten an („weiche Haut"), wird Subjekt. In dieser Hinsicht ist der Traum ein Wunschtraum: Er imaginiert Arbeit, die noch nicht den Zwängen der Entfremdung zu unterliegen scheint. Natur, selbst in widerständiger und erstarrter Form, wird hier angeeignet, wird lebendig. In der Arbeit am Objekt entäußert sich das Subjekt. In solchem Tätigsein verwirklicht es sich; zu seinem Resultat hat es eine unmittelbare Beziehung. Der Traum suggeriert die Utopie einer unmittelbaren Verwirklichung des Menschen durch seine Arbeit. Diese selbst scheint überhaupt nach dem Prozeß künstlerischer Produktion modelliert zu sein: Auch der Künstler verwirklicht sich in dem Maße, wie er das Material bildet und belebt.

Diesem Gedanken verleiht auch die Sprache Ausdruck. Elastisch zeichnet die Kunertsche Sprache die verschiedenen Phasen der Formung und Verlebendigung des Materials nach. Dem arbeitet die Lautgestaltung zu: Die Laute werden heller und weicher. Die vielfältigen Assonanzen und Alliterationen („Während" – „wandelte" – „Hände" – „Glätte" – „glatt" – „Haut") verleihen dem Satz Beweglichkeit und Geschmeidigkeit. Es scheint so, als verlöre die Sprache im Prozeß der ästhetischen Aneignung genauso die Widerständigkeit wie die Wirklichkeit, die sie bezeichnet, unter den Händen des Sisyphos. In dem Produkt, das er schafft, ist die Härte der Fron, sind die Spuren seiner Anspannung und Mühsal aufgehoben: „Der aber, der eben fast erstickte vor Anspannung, der spürte gleich nicht mehr die Mühsal" (S. 91, Z. 19 f.).

Dennoch, die Utopie scheitert, weil in dem Prozeß der Metamorphose das Subjekt nicht unberührt bleibt. Während das Objekt menschliche Züge, eben die Identität des Sisyphos, annimmt, versteinert das Subjekt, verliert Sisyphos diese, wird er „hart und unerbittlich", „mitleidlos, zornlos". Entgegenständlichung des Dinges und Vergegenständlichung des Menschen treiben den Prozeß der Entfremdung auf die Spitze. Nur der träumende Sisyphos findet sich im Objekt wieder. Solches Wiedersehen bleibt dem Sisyphos im Traum verwehrt: Er erkennt sich nicht, verwirklicht sich nicht durch seine Arbeit. Träumer und Geträumter sind nicht identisch, sind einander fremd geworden. Damit schlägt der Wunschtraum in einen Alptraum um: Im alten Mythos, der die Entfremdung zwischen dem arbeitenden Sisyphos und dem Objekt seiner Tätigkeit durch den zu Tal rollenden Felsbrocken ins Bild setzte, bewahrte sich dieser sein Menschsein. Je größer seine Mühsal, je qualvoller seine Anstrengungen waren, desto schärfer kristallisierte sich seine Identität heraus.

Ganz anders liegen die Verhältnisse in Kunerts Traumerzählung: Im Traum wird Sisyphos sich selbst fremd. Die Arbeit am Objekt, das menschlicher durch ihn geworden ist, hat ihn paradoxerweise zum Objekt gemacht. Seine ehemals schmerzenden Hände sind steinern geworden; er selbst ist ohne Gefühle, „mitleidlos, zornlos". Das visionäre Bild des von ihm in den Abgrund gestoßenen Brockens „sisyphosartigen" Fleisches verdeutlicht die nicht mehr aufhebbare Trennung zwischen Schöpfer und Geschöpf. Sie annonciert nicht nur den gänzlichen Verlust an Menschlichkeit, sondern auch den Untergang des Menschen, der von ihm selbst willkürlich betrieben worden ist. Mit ihm endet auch die Geschichte des Menschen, die eine sisyphosartige Geschichte der Arbeit ist. Zurück bleibt eine kalte Objektwelt, der zu Stein erstarrte Sisyphos. Auf dem „Gipfel" des Fortschritts steht das Ding: „Frei von der Last des geduldigen Emporgebrachtwerdens war jetzt der Stein" (S. 91, Z. 29 f.).

6 Anregungen zum Vergleich der Parabeln im Unterricht

Ein Vergleich der Texte von Kafka, Brecht und Kunert zeigt, daß es nicht nur äußerst schwierig, sondern auch gar nicht sinnvoll ist, eine für alle Beispiele gültige Parabeldefinition zu entwickeln. Zu unterschiedlich sind die erzählerischen Gestaltungen der Autoren, zu breit gefächert sind die von ihnen verwandten Themen und Motive, zu disparat die Wirkungsabsichten, die sie mit ihren Texten verfolgen, um sie auf ein einheitliches Parabelkonzept festzulegen. Andererseits liegt in der Verschiedenheit ihrer Texte auch eine große Chance für den Unterrichtenden, poetische Möglichkeiten der Moderne freizulegen und die ihnen immanenten Wirklichkeitsdeutungen einander zu konfrontieren.

Anhand exemplarischer Texte ist zunächst das für die Parabelstruktur konstitutive Verhältnis von Bild- und Sachbereich zu kennzeichnen. Im Hinblick auf Kafkas Parabeln läßt sich allgemein festhalten, daß das Verweisungsverhältnis von Bild- und Sachhälfte gelockert, wenn nicht gar aufgelöst ist. Allein in dem Text ‚Eisenbahnreisende‘ finden wir explizit die Komponenten gleichnishaften Sprechens („Wir sind [...] in der Situation von Eisenbahnreisenden, die in einem langen Tunnel verunglückt sind.“). Dennoch, auch hier besteht zwischen Konkretem und Allgemeinem keine eindeutige Verweisungsrelation mehr. Der Bildbereich hat sich gegenüber dem Ausgangspunkt, der Sache, verselbständigt. Die vielfältigen Relativierungen, Einschränkungen und Paradoxien, die ihn konstituieren, entfernen ihn von der Sache, so daß der Leser am Ende mit ihm allein gelassen wird und die Sache, die doch so klar vorgegeben schien, im Prozeß des Nach- und Neudenkens noch einmal selbst zu schaffen hat. Genau in dieser Verstehenssituation befindet sich auch der Leser gegenüber den anderen Texten Kafkas. Die Bilder, die sie imaginieren, und die Handlungen, die in ihnen erzählt werden, erklären und lösen keine Probleme, beantworten keine Fragen. Im Gegenteil, sie rufen den Leser dazu auf, selbst die Fragen zu stellen, neue Probleme zu entdecken. Das Kontinuum an Reflexionen, das dabei in ihnen entsteht, ist letztlich nichts anderes als das subjektive Korrelat ihrer Offenheit.

In ganz anderer Art gestalten sich die Beziehungen von Bild- und Sachbereich in den parabelartigen Keuner-Geschichten Brechts. Diese sind herauszuarbeiten und mit der parabolischen Struktur Kafkascher Texte zu kontrastieren. Keinen expliziten Verweis auf den Sachbereich enthält der Text ‚Das Wiedersehen‘. Wie bei der Begegnung mit den Parabeln Kafkas ist auch hier der Leser gefordert, diesen selbst herzustellen. Beide Autoren wollen keine Ergebnisse in Form von Lehren vermitteln, sondern Denk-Prozesse in Gang setzen. Doch damit enden die Parallelen. Während bei Kafka die Bemühungen, das Bild auf die Sache hin zu entschlüsseln, immer wieder in die Aporie münden, bleibt bei Brecht die Sache als Hintergrundphänomen gegenwärtig. Zuweilen wird sie implizit vorausgesetzt oder, wie z.B. in ‚Das Wiedersehen‘, durch Zitierung eines geläufigen Formulierungmusters in den Bildbereich eingeholt und in ihn verfremdet, so daß der Leser seine vertrauten Beziehungen zur Sache aufgeben und diese neu reflektieren muß. Das Verhältnis von Bild- und Sachbereich ist also in den Keuner-Geschichten als ein dialektisches zu verstehen. Der Bildbereich dient hier eben nicht — wie in der herkömmlichen Parabel — der Veranschaulichung der vorgegebenen Sache, sondern rückt in einen Gegensatz zu ihr. Er löst ein konventionelles Einverständnis in überraschender Weise auf. Deutlich gemacht werden kann das an der Geschichte ‚Der natürliche Eigentumstrieb‘. Die Sache, die hier in Form einer These zu Beginn der Geschichte vorgestellt wird („Als jemand in einer Gesellschaft den Eigentumstrieb natürlich nannte, [...]“),

wird durch die Geschichte Keuners ad absurdum geführt. Genauso entlarvt wird die praxis-
blinde Haltung des eitlen Philosophen in ‚Weise am Weisen ist die Haltung'. Komplexer hingegen ist die parabolische Struktur von ‚Maßnahmen gegen die Gewalt'. Schon die Rahmengeschichte besitzt parabolische Züge, fungiert aber ihrerseits als problematischer Sachverhalt
für die als Bild verwandte Egge-Geschichte. Kompliziert wird die Zuordnung beider Geschichten dadurch, daß sie sich — bei aller Ähnlichkeit — nicht mehr eindeutig aufeinander
beziehen lassen, weil sich ebenfalls der Bildbereich verselbständigt hat. Auch hier bleibt
dem Leser letztlich nichts anderes übrig, als beide Geschichten miteinander zu vergleichen
und als Möglichkeiten zu prüfen, auf Gewaltherrschaft zu reagieren.
In einer ähnlichen Situation findet sich der Leser bei der Lektüre der Kunertschen Parabeln.
Auch hier ist der Sachbereich von ihm selbst zu erschließen. Das scheint relativ einfach zu
sein bei der Lektüre der Parabel ‚Das Bild der Schlacht am Isonzo'. Das Gemälde des Malers
als die eine parabolische Ebene des Textes entlarvt buchstäblich den Hintergrund des Krieges;
die Verstümmelung des Bildes und der Verkauf des Bildausschnittes als weitere parabolische
Ebene verweisen auf die Korrumpierung der Kunst und die ideologische Verfälschung ihrer
Wahrheit. Schwierigkeiten bereitet allerdings dem Leser die integrale Vermittlung der Ebe-
nen. Hier ist er — wie bei der Brechtschen Parabel ‚Maßnahmen gegen die Gewalt' — auf-
gefordert, Zuordnungsmöglichkeiten und Äquivalenzen zu erkennen.
Steht der Text ‚Das Bild der Schlacht am Isonzo' noch deutlich in der Tradition Brechtscher
Parabolik, so erinnert ‚Der Traum des Sisyphos' aufgrund seiner surrealen Züge mehr an die
parabolischen Traumbilder Kafkas. Wie in jenen ist auch in diesem Text die Trennung von
Subjekt und Objekt aufgehoben. Die Wirklichkeit, die menschliche Züge erhält, wird hier
paradoxerweise nicht vertrauter; in dem Maße, wie das Subjekt, der Mensch, verdinglicht,
wird sie selbst fremder.
Mit dem Verhältnis von Sach- und Bildbereich stellt sich die Frage nach dem didaktischen
Gehalt der untersuchten Parabeln. Diese enthalten keine Lehren im Sinne konventioneller
Parabeln, sondern fordern den Leser zum Vollzug, zur intellektuellen Mitarbeit auf. Dieses
Verhältnis von Erzähler und Leser gestaltet sich allerdings bei den drei Autoren in unter-
schiedlicher Weise.
Kompliziert und irritierend stellt sich die Beziehung von erzählerischer Wirkungsabsicht
und impliziter Leserrolle in den Parabeln Kafkas dar. Beispielhaft dafür steht die Geschichte
‚Eine kaiserliche Botschaft'. Der Erzähler hat hier durchaus ein Ziel vorgegeben, der Leser,
das „Du", wird selbst direkt angesprochen. In ihm werden sogar Hoffnungen geweckt, daß
das Ziel erreicht werden könne. Doch dies dient nur dazu, den Leser in seinen Bemühungen,
Sinn zu finden, zu desillusionieren. Er verstrickt sich in Widersprüche und Paradoxien, die
Denkwege zum Ziel bleiben ihm verschlossen. „Alle diese Gleichnisse", so kommentiert
Kafka in dem Text ‚Von den Gleichnissen' die parabolische Struktur seiner Texte, „wollen
eigentlich nur sagen, daß das Unfaßbare unfaßbar ist, und das haben wir gewußt. Aber das,
womit wir uns jeden Tag abmühen, sind andere Dinge" (Editionen, S. 70, Z. 24 ff.).
Davon unterscheiden sich die hermeneutischen Dispositionen in Brechts Keuner-Geschichten. Sie sind kleine Lehrstücke in Prosa, ohne daß sie explizit eine Lehre als Ergebnis formulieren. In ihnen werden gesellschaftliche Haltungen und Verhaltensweisen ausprobiert.
Keuner ist den Lesern nicht als Charakter- oder Rollenträger faßbar, sondern er konstituiert
sich als Figur durch Haltungen, die er in bestimmten sozialen Situationen zeigt. Solche
Gestik dokumentiert sich in der Art, wie er argumentiert, Gespräche führt, Geschichten erzählt. Einerseits resultiert der parabolische Charakter der Geschichten aus der typologischen
Kennzeichnung Keuners und seiner Gesprächspartner oder aus der modellhaften, fast ex-
perimentellen Anlage der Situationen, in denen sie agieren. Andererseits entwickelt sich die
Parabolik aus der poetischen Eigenart der Texte: Lakonisch führt der Erzähler in die Ge-

sprächssituation ein, unvermittelt kontrastiert er die Leser mit zumeist konträren Gesprächs-positionen, in irritierender Weise bezieht er sie aufeinander, indem er Begriffe umpolt, sprachliche Muster verfremdet, und genauso überraschend zieht er sich aus der Situation zurück, läßt er den Leser mit dem Witz der Geschichte allein. Dennoch, die Dialektik des Vorgehens von Keuner bleibt für ihn nachvollziehbar. Der Text bietet sich ihm als Prozeß, als Denkbewegung an; diese löst Vorurteile und schematisierte Ansichten auf und eröffnet ihm überraschende Einsichten in die gesellschaftliche Praxis.

Dies gilt auch für den Leser des Textes ‚Das Bild der Schlacht am Isonzo‘. Dessen dialektische Struktur ruft ihn zum Mitdenken auf; dessen Ergebnis provoziert ihn zum Widerspruch gegen die Produktion falschen Bewußtseins.

Ungleich schwieriger ist das Verstehen der Sisyphos-Erzählung. Während im alten Mythos die schier unerträgliche Mühsal des Sisyphos im Zusammenhang von Schuld und Strafe dennoch ihren Sinn erhält und gerechtfertigt wird, verdunkelt sich dieser in der Kunert-Geschichte, da der Mensch und die von ihm bearbeitete Natur am Ende gleichermaßen fremd erscheinen. Im Bild des in die Tiefe stürzenden Steines, der menschliche Züge angenommen hat, verdichtet sich in visionärer Form die Kritik seines Verfassers an einer zielgerichteten Geschichtsphilosophie: Die menschliche Geschichte ist sinnlos, mündet unweigerlich in die Katastrophe. Vor diesem Horizont bietet sich ein Vergleich dieses Textes mit Kafkas Parabel ‚Auf der Galerie‘ an.

Ergiebig für einen Vergleich der Parabeln sind die sprachlichen und poetischen Verfahren, die Kafka, Brecht und Kunert bei ihren Gestaltungen eingesetzt haben. Entsprechend den poetologischen Vorgaben der Parabel, gebrauchen alle drei Autoren eine einfache und verständliche Sprache: Überflüssiges ist nicht zu erkennen; auf schmückende Beiwörter haben sie verzichtet. Ihr lexikalischer Bereich ist vornehmlich die Alltagssprache. Allein in den syntaktisch-semantischen Verhältnissen unterscheiden sich die drei Parabelgruppen. Bei Kafka dominieren hypotaktische Satzstrukturen; dadurch gelingt es ihm in mannigfaltiger Weise, Widersprüche, Verschiebungen, Einschränkungen, Negationen zu erzeugen, die den von ihm entworfenen Bilderwelten einen schwebenden Charakter verleihen. Brecht hingegen bevorzugt aufgrund der szenischen Anlage seiner Texte parataktische Formen. Diese schmiegen sich der Denkbewegung der Texte an, arbeiten ihre dialektische Struktur plastisch heraus, verdeutlichen deren Witz und Pointierung.

Auch die von den Autoren gewählte Bildlichkeit ist den Lesern einleuchtend und nicht unvertraut. Das Eisenbahnunglück, die Zirkuswelt, die Heimkehr, der Botenlauf, die mit dem Kreisel spielenden Kinder sind ihnen in ihrer Bildsubstanz genauso zugänglich wie die Arbeit der Fischer, das Wiedersehen, die Konfrontierung mit der Gewalt und die Begegnung mit dem weltfremden Philosophen. Aus dieser Reihe fällt vielleicht nur die eigenwillige Adaption des Sisyphos-Mythos durch Kunert heraus.

Erhebliche Unterschiede beim Vergleich der Parabeln lassen sich allerdings dort festmachen, wo die geschilderten alltäglichen Vorgänge von den Autoren verfremdet werden. Sicherlich, die Verfremdung zielt in allen Texten darauf, den Leser in die ästhetische Distanz zu rücken und ihm so Möglichkeiten zu geben, das fremde Verhalten zu beurteilen, auf das eigene zu beziehen. Doch das bleibt auch die einzige Gemeinsamkeit. Kafka verfremdet Situation, Ort und Zeit (z.B. in ‚Eine kaiserliche Botschaft‘), um zu zeigen, daß die Welt fremd und unverständlich ist. Durch Verschiebungen und Umkehrungen traditioneller Bildvorstellungen, durch das erzählerische Beim-Wort-Nehmen der Umgangssprache, durch den Gebrauch von Paradoxien verlangt er dem Leser ständig Deutungen ab, ohne daß dieser seine Interpretationen an dem Zusammenhang der Bedeutungen des Textes festmachen kann. Die Verfremdung treibt ihn in die Aporie: „Die Wirklichkeit verweist mit jedem ihrer Details auf Bedeutung und Sinn; sie verschließt sich jedoch der Deutung und der Sinngebung, je verzweifelter sich der Mensch darum bemüht“ (Deutsche Parabeln, S. 281).

Mit ganz anderen Wirkungsabsichten verbindet Brecht in seinen Geschichten das Verfahren der Verfremdung. Sie ist in unmittelbarem Zusammenhang — das erinnert an seine Theorie des Theaters — mit dem Gestus des Zeigens und der Haltung zu sehen. Keuner verfremdet durch seine Haltung, seine Reden, Geschichten und sein Verhalten Situationen, Ansichten, Gewohnheiten, nimmt ihnen so das Selbstverständliche, Bekannte, Einleuchtende und erzeugt damit Verwunderung und Neugierde. Er verfremdet also die gesellschaftliche Wirklichkeit, um zu zeigen, daß sie durch die Menschen fremd gemacht worden ist. Die Mechanismen, die zur gesellschaftlichen Entfremdung geführt haben (z. B. ‚Der natürliche Eigentumstrieb‘), sollen die Leser durchschauen. Pointiert formuliert: Verfremdung zielt hier immer schon auf die Möglichkeit der Aufhebung von Entfremdung.

7 Klausurvorschläge

Zu Kafkas Parabeln

1. Analysieren Sie Kafkas Parabel ‚Der Aufbruch' (Editionen, S. 96). Arbeiten Sie deren Struktur heraus, untersuchen Sie die sprachlichen Mittel des Autors, und erläutern Sie die im Text entwickelte Kommunikationssituation.
2. Vergleichen Sie Kafkas Parabel ‚Eine kaiserliche Botschaft' mit Bubers chassidischer Geschichte ‚Die fünfzigste Pforte' (Editionen, S. 92).
3. Analysieren Sie Kafkas Parabel ‚Der plötzliche Spaziergang'. Untersuchen Sie dabei besonders ihre sprachliche Gestaltung und ihr Verhältnis zu den in ihr dargestellten sozialen Beziehungsmustern.

Der plötzliche Spaziergang
Wenn man sich am Abend endgültig entschlossen zu haben scheint, zu Hause zu bleiben, den Hausrock angezogen hat, nach dem Nachtmahl beim beleuchteten Tische sitzt und jene Arbeit oder jenes Spiel vorgenommen hat, nach dessen Beendigung man gewohnheitsgemäß schlafen geht, wenn draußen ein unfreundliches Wetter ist, welches das Zuhausebleiben selbstverständlich macht, wenn man jetzt auch schon so lange bei Tisch stillgehalten hat, daß das Weggehen allgemeines Erstaunen hervorrufen müßte, wenn nun auch schon das Treppenhaus dunkel und das Haustor gesperrt ist, und wenn man nun trotz alledem in einem plötzlichen Unbehagen aufsteht, den Rock wechselt, sofort straßenmäßig angezogen erscheint, weggehen zu müssen erklärt, es nach kurzem Abschied auch tut, je nach der Schnelligkeit mit der man die Wohnungstür zuschlägt, mehr oder weniger Ärger zu hinterlassen glaubt, wenn man sich auf der Gasse wiederfindet, mit Gliedern, die diese schon unerwartete Freiheit, die man ihnen verschafft hat, mit besonderer Beweglichkeit beantworten, wenn man durch diesen einen Entschluß alle Entschlußfähigkeit in sich gesammelt fühlt, wenn man mit größerer als der gewöhnlichen Bedeutung erkennt, daß man ja mehr Kraft als Bedürfnis hat, die schnellste Veränderung leicht zu bewirken und zu ertragen, und wenn man so die langen Gassen hinläuft, – dann ist man für diesen Abend gänzlich aus seiner Familie ausgetreten, die ins Wesenlose abschwenkt, während man selbst, ganz fest, schwarz vor Umrissenheit, hinten die Schenkel schlagend, sich zu seiner wahren Gestalt erhebt.
Verstärkt wird alles noch, wenn man zu dieser späten Abendzeit einen Freund aufsucht, um nachzusehen, wie es ihm geht.
(Kafka: Sämtliche Erzählungen, S. 11 f.)

Zu Brechts Parabeln

1. Analysieren Sie Brechts Keuner-Geschichte ‚Der hilflose Knabe' (Editionen, S. 82). Kennzeichnen Sie ihre Struktur, charakterisieren Sie die Haltungen der hier vorgestellten Figuren, und erläutern Sie mögliche Wirkungsabsichten des Erzählers Keuner.
2. Vergleichen Sie die Position Keuners, die er in dem Text ‚Wenn Herr K. einen Menschen liebte' entwickelt, mit den folgenden Tagebuchauszügen von Max Frisch.

Du sollst dir kein Bildnis machen
Es ist bemerkenswert, daß wir gerade von dem Menschen, den wir lieben, am mindesten aussagen können, wie er sei. Wir lieben ihn einfach. Eben darin besteht ja die Liebe, das Wunderbare an der Liebe, daß sie uns in der Schwebe des Lebendigen hält, in der Bereitschaft, einem Menschen zu folgen in allen seinen möglichen Entfaltungen. Wir wissen, daß jeder Mensch, wenn man ihn liebt, sich wie verwandelt fühlt, wie entfaltet, und daß auch dem Liebenden sich alles entfaltet, das Nächste, das lange Bekannte. Vieles sieht er wie zum ersten Male. Die Liebe befreit es aus jeglichem Bildnis. Das ist das Erregende, das Abenteuerliche, das eigentlich Spannende, daß wir mit den Menschen, die wir lieben, nicht fertigwerden: weil

wir sie lieben; solang wir sie lieben. Man höre bloß die Dichter, wenn sie lieben; sie tappen nach Vergleichen, als wären sie betrunken, sie greifen nach allen Dingen im All, nach Blumen und Tieren, nach Wol-
ken, nach Sternen und Meeren. Warum? So wie das All, wie Gottes unerschöpfliche Geräumigkeit,
schrankenlos, alles Möglichen voll, aller Geheimnisse voll, unfaßbar ist der Mensch, den man liebt —
Nur die Liebe erträgt ihn so. [...]
Unsere Meinung, daß wir das andere kennen, ist das Ende der Liebe, jedesmal, aber Ursache und Wirkung liegen vielleicht anders, als wir anzunehmen versucht sind — nicht weil wir das andere kennen, geht
unsere Liebe zu Ende, sondern umgekehrt: weil unsere Liebe zu Ende geht, weil ihre Kraft sich erschöpft
hat, darum ist der Mensch fertig für uns. Er muß es sein. Wir können nicht mehr! Wir künden ihm die
Bereitschaft, auf weitere Verwandlungen einzugehen. Wir verweigern ihm den Anspruch alles Lebendigen, das unfaßbar bleibt, und zugleich sind wir verwundert und enttäuscht, daß unser Verhältnis nicht
mehr lebendig sei.
„Du bist nicht", sagt der Enttäuschte oder die Enttäuschte: „wofür ich dich gehalten habe."
Und wofür hat man sich denn gehalten?
Für ein Geheimnis, das der Mensch ja immerhin ist, ein erregendes Rätsel, das auszuhalten wir müde ge-
worden sind. Man macht sich ein Bildnis. Das ist das Lieblose, der Verrat.
(Max Frisch: Tagebuch 1946—1949. Suhrkamp, Frankfurt a.M. 1976, S. 31 f.)

3. Vergleichen Sie die beiden Keuner-Geschichten ‚Vom Überstehen der Stürme‘ (Editionen,
   S. 80) und ‚Herr Keuner und die Flut‘ (Editionen, S. 97). Berücksichtigen Sie dabei besonders das Verhältnis von Keuner und der Natur.

Zu Kunerts Parabeln

1. Analysieren Sie den Text ‚Hinausschauen‘ (Editionen, S. 89) von Kunert. Kennzeichnen
   Sie Position und Haltung des Erzählers, und untersuchen Sie die sprachliche Gestaltung
   des Textes.
2. Analysieren Sie den Text ‚Freundschaft‘ (Editionen, S. 97) von Kunert. Untersuchen Sie
   das Verhältnis von Ich und Wirklichkeit, zeigen Sie auf, wie es sprachlich gekennzeichnet
   wird, und arbeiten Sie mögliche Wirkungsabsichten des Autors heraus.

Zu Brechts, Kafkas und Kunerts Parabeln

1. Vergleichen Sie Kafkas Erzählung ‚Der Kreisel‘ mit Brechts Geschichte ‚Weise am Weisen
   ist die Haltung‘. Erläutern Sie dabei besonders die Vorstellungen, die beide Autoren vom
   Philosophen entwickeln, und machen Sie deutlich, in welcher Weise sie sich mit ihm aus-
   einandersetzen.
2. Analysieren Sie Kunerts Parabel ‚Vor einer Reise‘ (Editionen, S. 96), und konfrontieren
   Sie sie mit Kafkas Text ‚Der Aufbruch‘.